미운 나의 오리 새끼

ADHD와 함께하는 미나의 성장기

나무늘봄 지음

도서출판 **더본**

미나와 엄마 선희 씨, 아빠 태현 씨
그리고 미나의 친구들의 이야기

이 이야기는 한 아이와 그 가족, 주변인들이
함께 성장하며 살아가는 이야기로,
본 이야기에 나오는 인물과 배경은
모두 가상의 것임을 밝힙니다.

머리말

 진료실에 앉아서 수년간 많은 ADHD 아이들을 보며, 저는 그들이 지닌 '해맑음'이 귀엽다는 생각을 종종 합니다. 물론 '해맑다'라는 단어가 부정적 의미를 지닐 때도 있지만, 긍정적인 의미에 집중한다면 ADHD는 장점도 상당히 많습니다.

 개인적으로는 보통의 사람들보다 즐거울 때에는 즐거움을 온전히 즐길 수 있는 그 모습이, 부럽기도 합니다. 물론 반대로 화가 날 때는 너무 격해져서 주변 사람들을 힘들게 하거나, 슬플 때는 너무 지독히 땅굴을 파고 들어가는 모습이 안타깝기도 하지만요.

 처음 만나볼 때에는 너무 나와 다른 모습에 당황하기도 하지만, 알면 알수록 장단점이 확실하고 매력이 많은 ADHD 아이들.

하지만 다른 사람들이 본인들과 어떻게 다른 지 알 수가 없어 혼돈에 빠지는 ADHD 아이들. 이 아이들의 다른 점을 이해하기 힘들어 난항을 겪는 가족들과 친구들.

혼돈에 빠지고 난항을 겪을 때 이들은 많은 상처를 받고 좌절하기도 합니다.

하지만 그럼에도 불구하고 함께 살아가며 서로에 대한 이해를 높이고 성장해가는 ADHD 아이들과 그 가족들의 모습을 자주 접합니다. 그래서 그런 모습들을 이야기 속에 풀어보고자 미나네 이야기를 시작하게 되었습니다.

미나네 이야기를 통해, ADHD에 대해서 조금 더 이해할 수 있고, 그들의 장점을 조금 더 발견할 수 있는 시간이 되시기를 바랍니다.

2024년 12월

나무늘봄 드림

차례

2005년 봄 선희씨와 미나 ・・・・・・・・・・ 9

[1] ADHD와 지각 ・・・・・・・・・・ 22

2005년 봄 미나와 송이 ・・・・・・・・・・ 26

[2] ADHD와 친구관계 - 1 ・・・・・・・・・・ 34

2005년 여름 미나의 여름방학 ・・・・・・ 36

[3] ADHD와 감정기복 ・・・・・・・・・・ 48

2010년 봄 중학생 미나 ・・・・・・・・・・ 55

2010년 초여름 질풍노도의 미나, 질풍노도의 선희씨 69

[4] ADHD와 가족내 역동 ・・・・・・・・・・ 80

2010년 초여름 선희씨의 마음	84
2010년 초여름 미나의 마음	94
2010년 초여름 송이의 걱정	100
2010년 초여름 미나와 다현	105
[5] ADHD와 정의로움	110
2010년 가을 미나의 일상 feat. 여름의 기억	112
2010년 가을 미나의 일상 feat. 도율의 걱정	118
2010년 가을 미나의 일상 feat. 다현의 편지	124
[6] ADHD와 친구관계 - 2	132
2010년 가을 미나의 일상 feat. 선희씨의 마음	140
2023년 겨울 스물 일곱 미나	145

2oo5

아홉 살, 미나

2005년 봄
선희씨와 미나

"어휴 속 터져!! 미나 너!!! 오늘도 지각할 거야?!!!"

오늘도 선희 씨의 고함소리가 미나네 집 아침을 울린다.

"지금 할 거야! 하고 있잖아!!"

뒤이어 따라오는 아홉 살 미나의 짜증 섞인 목소리.

"쾅!"

선희 씨는 결국 현관 밖으로 나가버린다. 오늘만큼은 아이에게 화를 내지 않으리라 그렇게나 다짐했건만. 30분 넘게 어르고 달래도 침대에서 뭉개고, 겨우 일어나서도 세월아 네월아 학교 갈 생각이 없는 아이처럼 늑장을 부리는 미나를 데리고 나가는 매일 아침이 전쟁이다.

'내가 문제인 건가 아이가 문제인 건가.'

숨을 고르고 있을 때, 슬며시 미나가 나온다. 조금 위축된 듯 보이는 딸아이가 안쓰럽기도 하고, 소리 지른 것이 못내 미안하여 살포시 안아주자, 아이는 또 언제 짜증을 냈냐는 듯 조잘조잘 말이 많다.

"엄마, 이번에 우리 담임 선생님이... 그리고 내 짝꿍 있잖아... 옆 반에는 누가 있는데!!.......... 어제는 뭘 만들었게???... 내가 어제 꿈에서 놀러 갔었는데....!"

'어떻게 이렇게 한순간에 기분이 좋아질까... 이것이 아홉 살의 힘인가? 안 그런 애들도 있다는데..'

미나가 다시 기분이 좋아진 것이 안심이 되면서도 한편으로는 갑자기 너무 밝아진 아이가 매번 적응이 되지 않는 선희 씨는 그저 '응, 응' 하며 맞장구를 칠 뿐이다.

"엄마 그럼 나 갔다 올게!!"

교문 안으로 발랄하게 들어가는 미나에게 손을 흔들어 준 뒤 뒤돌아 선희 씨는 핸드폰을 확인한다.

오늘의 해야 할 일 목록에는 '정신건강의학과 상담가기'라고 적혀있다. 미루고 미루다 예약한 그곳에, 드디어 가야 할 날이 온 것이다. 선희 씨는 마음이 착잡했다.

***

어려서부터 모범생 소리를 듣고 자란 선희 씨는, 명문 대학을 나오고, 대기업을 다니다가, 좋은 사람을 만나 결혼했고, 원했던 아이를 품에 안았다. 그사이 자잘한 일들이야 있었지만, 대체로 누구나 무난하다고 하는 순탄한 인생. 그리고 태어난 미나는 선희 씨 눈에 그 누구보다도 천사 같았다.

하지만 미나가 밤마다 서너 번씩 깨서 울어대는 일이 9개월을 넘어가던 어느 시점, 새벽 3시에 악을 쓰며 울어젖히는 미나 앞에서 선희 씨는 처음으로 꽥 소리를 질렀다.

"엄마도 잠 좀 자자 미나야!! 제발 잠 좀 자자고!!!!!!!!"

그 뒤부터 선희 씨의 말 못 할 고충은 이어졌다. 고래고래 소리를 지르고 난 뒤에 오는 죄책감과 수면 박탈로 밤마다 화가 나는 자신. 그 화를 표현하고 나면 '내가 이것밖에 엄마 노릇을 못하는 사람인가.' 하는 자괴감. 아이가 아니면 남편에게 향하게 되는 짜증. 아이를 잘 재우는 법에 대한 주변의 많은 조언들. 그 조언이 고마우면서도 어떤 때에는 '나보고 도대체 어쩌라고!' 하는 생각에 화가 나는 자신의 모습. 그리고 그 모습에 대한 자괴감.

돌림노래처럼 반복되는 부정적 감정의 물결에, 처음에는 산후우울증인가 싶어 괴로워하던 그 나날들은 회사에 복직을 하고 나서 조금 나아졌더랬다. 하지만 그것도 잠시, 복직한지 한달이 되었을 때, 아이를 봐주던 시터가 그만두겠다고 말을 한다. 그리고 이어진 두 달, 세 달, 한 달 만에 그만두는 시터들. 이유는 가지각색이었다. '갑자기 이사를 가게 되었다.', '가족이 아프다.', '다른 일을 하게 되었다.' 등등. 하지만 반복되는 패턴에는 이유가 있는 법. 그냥 미나가 까다로운 아이였던 것이다. 물론 사랑스러울 때도 많았지만, 그만큼 힘든 때도 많은 까다로운 아이. 한 번 울 때는 숨넘어갈 것처럼 한 시간씩 울어대는 아이. '나라도 같은 돈을 받고 일한다면 순한 아이를 보겠지.'라는 생각과 '혹시 계속 시터에게 맡기면 이렇게 또 금방 그만두거나 아이가 방치되는 것은 아닌가.' 하는 불안감에 선희 씨는 복직 8개월 만에 일을 그만두었고, 그리고 지금까지이다.

***

"일을 그만두셨을 때는 아쉬움이 크셨겠어요."

따스한 봄 햇살이 내리쬐는 진료실에서, 선희 씨는 처음 만나본 정신과 선생님의 말에 순간 그동안 묵혀왔던 감정들이 올라온다.

"그러고 나서 지금까지는 좀 괜찮으셨나요?"

"네, 그래도 아이가 좀 크니까 살 것 같더라고요."

실제로 미나는 세 돌이 지나면서는 흔히 말하는 통잠을 자는 날들이 늘어나기 시작했고, 많이 걱정하고 보낸 어린이집에서는 '잘 지내는 편이다.'라는 평가를 받았다. 물론 집에서는 짜증이 나면 한두 시간씩 울고 떼쓰는 일들이 반복적으로 있었지만, 그래도 회사에서 일하면서 집에 있는 미나 걱정에 종종거리고, 집에 와서 밤마다 반복적으로 깨서 우는 아이를 달래던 시절에 비해서는 한결 나았다. 미나가 다섯 살이 넘으면서는 울고 떼쓰기보다는 말로 징징대는 것으로 바뀌었고, 덤벙대다가 여기저기 다치기는 했지만 크게 아프지 않고 자랐으며, 징징거리는 만큼 사랑 표현도 많이 하는 어린이가 되었다.

"그런데 오늘은 어떤 일로 이곳에 오시게 되었나요?"

"그게... 미나가 지금 2학년이 되었는데요, 얼마 전에 학부모 상담을 다녀왔는데..... 미나가 학교에서는 그렇게 선생님 말씀을 잘 듣는다는 거예요."

"선생님 말씀을 잘 듣는다고 하면 보통 기분이 좋을 것 같은데, 그게 왜 선희 씨 마음을 힘들게 했을까요?"

"그게.... 집에서는 전혀 아니거든요. 뭐 하나만 시켜도 안 하려고 핑계를 대거나 이리저리 미루고, 시간에 맞춰 움직여야 해도 항상 늑장을 부리고. 실제로 등교할 때마다, 자기 전에 이 닦일 때마다 30분씩 진을 빼요. 자기가 놀고 있을 때는 밥도 시간에 맞춰 안 먹으려고 하고. 밥 먹으면서도 책을 읽거나 하면서 다른 짓을 하고. 혼자 놀고 있을 때는 불러도 대답도 잘 안 하고요. 여러 번 불러야 쳐다보네요."

갑자기 선희 씨 눈에 눈물이 맺힌다.

'이상하다, 울려고 온 게 아닌데.'

하지만 다 잊었던 일들이라고 생각했던 감정들이 생생하게 살아난다. 이런저런 일들로 힘들어서 하소연을 하다가도 사람들이 '애들이 다 그렇지 뭐.'라고 말하면 너무 나의 힘듦을 몰라주는 것 같아 섭섭하고, '미나가 밖에선 활달한데 집에서는 그렇게 유별나니? 너 힘들어서 어쩌니.'라고 말하면 내 아이를 욕보인 것 같아서 힘들었다. 그래서 결국에는 꾹꾹 눌러 담았던 말들.

친정 부모님이나 시부모님은 미나를 볼 때마다 '네가 그런 기본적인 건 잘 가르쳐야지. 아직도 저렇게 자기 멋대로 하게 두면 어떻게 하니.'라고 말씀하셨고, 그 말은 마치 선희 씨를 비난하는 것처럼 들렸다. 심지어 남편도 미나가 떼를 심하게 부리면 '너 엄마가 너무 오냐오냐 키워서 그런 거 아니냐!!'며 아이에게 버럭하는 일이 있었고, 그때 선희 씨는 마치 인격이 바뀐 것처럼 남편과 처음으로 크게 싸웠다. 그 뒤로 남편은 그 말 자체는 안 하게 되었지만, 남편에게 섭섭한 마음은 아직까지도 마음 한켠에 남아있다.

그런데, 그렇게 힘들게 했던 아이가 학교에서는 뭐든 빠릿빠릿 잘하고, 선생님 말씀은 잘 듣는다니. 솔직한 심정으로 배신감이 들었다.

"그렇게 집에서는 엉망진창인데 학교에서는 잘한다고 하니, 그 상담 날 이후로 아이가 미워 보여요. 이전과 똑같이 말을 안 들어도 내가 만만해서 그런가 싶기도 하고, 엄마인 나를 무시하나 싶기도 하고. 그래서 같은 일인데 제가 더 화를 많이 내게 되네요.

또 짜증을 부린지 얼마 지나지도 않아 다시 와서 사랑한다고 말하고 엄청 신나게 이야기하는 아이를 보면, 내가 무슨 짓을 했나 싶기도 하고, 아이가 이중인격처럼 느껴지기도 해서… 밤에는 이런 생각들로 온갖 상상을 하다가 밤을 꼴딱 새우기 일수네요. 그러니까…….. 제가 점점 미쳐가는 것 같아서 왔어요, 선생님."

울먹거리는 선희 씨 눈앞에 하얀 티슈 두 장이 놓인다.

"선희 씨, 제가 아이를 보지는 못했지만, 아이는 아마 엄마가 편해서 그럴 거예요. 그렇게 까다롭고 예민한 아이였다면, 학교에서 잘 지내려고 나름대로 얼마나 애쓰고 있겠어요. 자기를 다 이해해 주고 사랑해 주는 엄마 앞에서는 그 긴장이 풀리면서 아마 평소보다 더할지도 모르겠네요. 선희 씨가 좋은 엄마고, 사랑하는 엄마니까 아마 본모습이 나오는 걸거예요."

나에게 육아를 잘 못한다고 비난하지 않고 좋은 엄마라고 칭해주는 첫 번째 사람이 정신과 의사라니, 아이러니하면서도 감정에 복받쳐, 선희 씨는 티슈 다섯 장을 더 쓰고서야 진료실을 나왔다.

***

"선희 씨는 우선 치료를 받으시면 견디기가 조금 수월해지실 거예요. 하지만 가능하시면 아이도 한 번쯤 어떤 마음을 가지고 살아가는지 평가해 보시는 게 필요할지도 모르겠어요. 지금이야 괜찮지만, 어쩌면 아이 자신도 다른 친구들과 다른 점들이 많아서 힘들어질 수 있는 기질을 가지고 있을지 모릅니다."

상담을 마치고 나오는 선희 씨 머릿 속에 다른 걱정이 뭉게뭉게 피어오른다. 그동안은 나만 잘 하면 다 괜찮을 것이라 생각했는데. 내가 아무리 잘해도 미나가 힘들 수 있다니.

긴장이 풀린 탓인지, 기운이 쪽 빠진 선희 씨는 커피 생각이 간절했다. '미나를 데리러 가기 전에 커피도, 케이크도 먹고, 당과 카페인을 가득 충전해서 아이를 맞이해야지. 그리고 오늘은 정말 화내지 말고 한껏 예뻐해 줘야겠다.' 하지만 카페에 들어서기 직전 휴대폰이 울린다.

"엄마, 엄마!!! 큰일 났어!!!!!"

전화를 받자마자 다급한 미나의 목소리가 울려 퍼진다.

"미나야 왜? 무슨 일이야???"

덩달아 높아지는 선희 씨의 목소리.

"나 준비물 놓고 왔어!! 이따 쉬는 시간에 꼭 가져다줘야 해!!"

준비물을 놓고 왔다는 말에 한껏 놀랐던 마음이 확 식는다.

"무슨 준비물?? 꼭 필요한 거야? 빌리면 안 돼?"

"아 몰라, 그거 미술 있잖아."

"미술? 미술 준비물 어떤 거??"

"아, 내가 며칠 전에 사달라고 한 거. 오늘 놓고 왔나 봐. 빌리기는 싫으니까 엄마 꼭 가져와!!"

그러고 나서 '뚝' 끊어지는 전화기.

뭔가 일방적으로 당한 느낌에 선희 씨의 마음이 확 달아올랐다가 이내 푹 꺼진다. 아이가 이렇게 자기 할 말만 하고 끊을 때마다 선희 씨는 혼자 가슴이 벌렁벌렁한다. 전화를 받는 순간 선희 씨에게로 옮겨오는 불안과, 큰일이 아니라는 사실을 알았을 때 드는 안도감 사이의 간극이 너무 커서 짜증이 난다. 커피는 포기

하고 집으로 향하며 선희 씨는 아까의 결심은 사라지고 미나를 원망하기 시작한다.

'어제 그렇게 잘 챙기라고 열 번은 말했는데!!!'

***

쉬는 시간, 정문 앞에서 오매불망 엄마를 기다리던 미나는, 엄마 모습이 멀리서 보이자마자 얼굴이 환해진다.

"엄마!! 엄마! 보고 싶었쪄요~~~"

한껏 애교를 부리며 엄마에게 안기는데, 안아주는 엄마 표정이 오늘따라 복잡 미묘하다.

'왜지? 엄마는 나를 봐도 반갑지 않은가? 나는 언제 엄마를 봐도 좋은데….'

엄마에게 안겨 얼굴을 부비면서 미나는 괜스레 불안해진다. 요즘 들어 엄마가 좀 이상하다. 분명히 똑같은 엄마인데, 자꾸 나에게 화를 낸다. 난 엄마가 좋은데. 엄마는 왜 나에게 자꾸 화만 내는 걸까. 시무룩해진 미나에게 엄마가 말을 한다.

"준비물 가지고 왔는데 왜 그렇게 뾰로통하니 얘. 네가 좋아하는 까눌레도 사 왔어. 이따 배고플 때 먹으렴."

'역시 우리 엄마다.'

다시 기분이 좋아진 미나는 '응, 응, 응!' 하고 대답하고는 깡충거리며 교실로 뛰어들어간다.

미술 시간이 시작되었다. 오늘은 '내가 가장 좋아하는 것'을 그리는 날.

미나는 엄마를 그릴까 까눌레를 그릴까 잠시 고민하다가, 까눌레를 들고 있는 엄마를 그리기로 결심한다.

[1] ADHD와 지각

미나와 선희 씨 사이에는 등교 때마다 큰 소리가 오갑니다. 선희 씨는 조급해지고, 미나는 조급해하는 선희 씨에게 화를 내지요.

미나처럼 ADHD가 있는 아이들의 경우, 아침 등교 때마다, 혹은 학원에 갈 때마다 부모님과 전쟁을 치르는 경우가 종종 있습니다. 별것 아닌 이유로 늑장을 부리다가 지각을 하기 때문입니다.

지각까지 가지 않더라도 아슬아슬하게 들어간다거나, 꼭 엄마가 화를 내고 나서야 서로 기분이 나빠진 채로 준비해서 나가기도 합니다.

왜 이런 일들이 생길까요?

ADHD가 있는 경우 시간의 흐름을 지각하는 정확도가, 보통 사람들의 경우보다 떨어진다고 알려져 있습니다. 문자 그대로의 의미로 '시간개념'이 부족한 것이지요.

많은 부모님들이 혼내실 때 '넌 왜 이렇게 시간 개념이 없니!'라고 혼을 내시지만, 사실 ADHD인 경우 본인의 의지와 상관없이 진짜로 시간 개념이 부족한 것이기 때문에 혼나면서도 억울할 수 있지요. '정말 그러고 싶어서 그런 게 아닌데…' 하면서요.

그럼 어떻게 해야 이런 지각을 줄여줄 수 있을까요?

가장 좋은 방법 중의 하나는 학교나 학원을 준비하기 전의 루틴을 만들어 주는 것입니다.

예를 들면, 1. 일어나서 2. 세수하고 3. 식사하고 4. 양치하고 5. 옷을 갈아입고 6. 가방을 들고나간다. 라는 원칙을 정해놓고, 살펴봐야 합니다.

ADHD인 아이들은 이 과정 속에서도 중간중간 해야 할 다른 일들이 생각나고 신경이 다른데 쏠려서, 각각의 과정을 하는 데 매우 오랜 시간이 걸리는 경우도 있기 때문이지요.

그래서 보통, 아이들이 이 과정을 끝내는 시간의 평균을 감안해서, 부모님들이 루틴을 시작하는 시간을 정해주셔야 합니다.

물론 아이들은 아침에 피곤하니까, 학교 다녀와서 피곤하니까, 조금만 서두르면 다 시간 내에 할 수 있다며 조금 더 늦게 준비를 시작하기를 요구할 수 있습니다. 이 경우 (특히 사춘기 아이들의 경우에는) 한두 번은 스스로 해보도록 기회를 주시는 것이 필요할 수 있습니다. 하지만, 꼭 그전에, 혼자 해서 늦게 되면 그다음부터는 원래 정해진 시간에 준비를 시작할 것을 약속하셔야 합니다.

그리고 혼자 늑장을 부리다 늦는 경우, 그에 대한 책임은, 어느 정도 스스로 질 수 있도록 두셔야 합니다. 부모님이 대신 학교나 학원에 지각 사유를 설명해 두셔서, 아이가 그 상황이 전혀 불편하지 않다면, 지각은 반복될 것입니다.

(하지만 아주 가끔, 불안도가 너무 높은 ADHD인 경우, 아예 지각할 것 같으

면 학교나 학원을 다 가지 않으려고 하는 경우도 있습니다. 이 경우에는 전문가와의 상담을 권장합니다.)

 그리고 루틴이 너무 복잡하지 않도록 해 주시는 것 또한 중요합니다.

 과정이 많을수록, 중간중간에 예기치 못하게 늘어나는 시간이 길어지고, 지각의 가능성은 점점 높아지니까요. 그리고 대부분의 경우, 집에 한번 들어오면 다시 나가기를 보통의 친구들보다 힘들어하니, 집에서 애매한 시간 (30분 이내) 머무르고 다시 나가야 할 경우에는, 동선을 잘 조정해 주시는 것도 필요합니다.

 이 과정에서 부모님들께 전하고 싶은 것은, 아이가 시간 개념이 없는 것을 아이 탓으로만 돌리지 않아주셨으면 하는 점입니다. 아이도 힘들 수 있다는 것을 알고, 아이가 노력하는 모습에 집중한다면 아이도, 부모도 서로 감정이 상하지 않은채로 시간 관리 방법을 배워나갈 수 있을 것입니다.

2005년 봄
미나와 송이

"미나야, 미나야! 이제 체육 나가야지."

송이가 부르는 소리에 퍼뜩 정신이 든다.

"어, 어… 가야지. 잠깐만! 빨리 준비할게!"

금색 크레파스를 바라보며 미나는 못내 아쉽다. 이제 까눌레 주변에 금색 포장지를 그리고 엄마 얼굴 옆에도 금빛 까눌레 요정들을 그려주려고 했는데. 그러고 나면 그림이 좀 더 재미있어질 것 같았는데. 요리사 까눌레, 웃는 까눌레, 책 읽는 까눌레, 스케이트 타는 까눌레, 발레리나 까눌레 요정들. 요정들은 까눌레 나라에서 왔는데, 서로 다 친구다. 며칠 전, 집 앞 빵집에서 에그 타르트들이 잘난 척을 하며 거들먹거리는데, 미나네 엄마가 에그 타르트보다 까눌레가 더 좋다고 말해줘서, 그 답례로 오늘은 미나네 엄마에게 까눌레를 선물하러 온 것이다.

"미나야 어서~ 안 나가면 나 먼저 간다!"

다시 한번 들리는 송이의 목소리.

"미안, 미안!! 지금 바로 가자."

미나는 아쉬운 마음을 뒤로하고 비장하게 크레파스를 내려놓으며 일어선다.

'미나야, 학교에서는 선생님 말씀 잘 듣고, 수업 시간에 하는 것은 너도 잘 따라 해야 해. 다 같이 뭐 하는데 네가 늑장 부려서 늦어지면, 친구들이나 선생님을 불편하게 하는 거야.'

매번 듣는 엄마의 말이 머릿속에 맴돈다.

* * *

오늘은 피구다. 미나는 체육시간이 좋다. 게다가 오늘은 반 대항이라니. 결의에 불타오른다.

"퍽."

미나 팔에 공이 맞는다. 그런데, 공을 던진 민수의 왼쪽 발이 금을 넘고 있다.

"미나 아웃!"

외치는 선생님 목소리에 미나는 갑자기 격앙되었다.

"선생님!! 민수 금 넘었으니까 무효에요 무효!!"

"아니야, 나 금 안 넘었어! 안 넘었다고!!!!!"

"넘었잖아!! 내가 봤는데!!!!!!"

미나는 갑자기 억울한 마음이 들어서 눈물이 핑 돈다. 새삼 억울하다. 분명히 민수가 규칙을 어긴 건데. 왜 사람들은 내 말을 안 들어주지? 난 거짓말 한 적도 없는데. 선생님이 나를 미워하는 건가... 순간적으로 나쁜 생각들이 머리를 꽉 채운다.

"자, 자 싸우지 말고. 아무도 본 사람 없으면 이번 판은 무효로 하고 다시 시작하자."

그때 미나네 반 도율이가 말한다.

"선생님 그냥 하면 안 돼요? 미나 나가도 우리 반이 이기고 있는 게임인데요. 미나야! 우리가 그냥 이겨줄 테니까 이번엔 네가 그냥 나갈래?"

"뭐라고?? 민수가 규칙 어긴 거잖아!!!!!"

순간 눈물이 왈칵 쏟아진다. 나도 경기하고 싶은데. 그냥 민수가 잘못한 건데. 도율이가 나를 싫어하나? 나 도율이랑 친하다고 생각했는데 나한테 왜 그러지????

그때 송이가 손을 잡아준다. 송이는 진짜 다정한 친구다. 유치원 때부터 항상 한결같다. 1학년 때는 다른 반이 되어서 속상했는데, 2학년이 되고 같은 반이 되어서 어찌나 좋았는지. 미나 손을 꼭 잡아주고 있는 송이의 손. 송이가 조그맣게 속삭인다.

"미나야, 난 네 말 믿는데, 남자애들이 아이스크림 먹고 싶어서 빨리 끝내고 싶은가 봐. 이번에만 나랑 같이 나갈래?"

아, 맞다. 이번 반 대항 피구는 이긴 팀이 아이스크림을 먹기로 해서 다들 힘내고 있었지. 지금은 우리 반이 완전히 이기고 있는데. 시간은 얼마 안 남았고. 주위를 빙 둘러보니 우리 반 친구들도 내가 나가기를 바라는 눈치다. 내 손을 꼭 잡아주고 있는 송이의 따뜻하고 예쁜 손을 바라보며 눈물을 훔친다.

"알았어 송이야. 나 혼자 나갈게. 꼭 이기고 와."

***

"송이야, 송이야 이것 좀 봐봐!! 이제 이거 수박 맛 아이스크림 아니고 딸기 아이스크림 같지 않아? 흐흐흐."

딸기 모양이 남도록 수박 맛 아이스크림을 깨물어 먹고는 입가에 빨간 물이 든 채 환하게 웃는 미나를 보며 송이는 피식 웃음이 난다. 방금 전 체육시간에 억울해서 눈물까지 보이더니, 아이스크림 하나에 언제 그랬냐는 듯 깔깔거리고 있는 미나가, 송이는 웃기기도 하고 부럽기도 하다.

송이는, 유치원 때부터 얌전하다는 말을 들어왔다. 얌전하고, 조심성 많고, 배려심 많고, 어른스럽고. 어른들이 칭찬으로 하는 말인 건 알지만, 사실 송이는 그런 자신의 모습이 싫기도 했다. 낯가림이 심했고, 항상 주변을 신경 쓰며 조용하게 지내서 여럿이 모여 무언가 할 때에는 항상 다른 친구가 말한 의견을 따라가기만 했다. 그런 송이에게 미나는 신기한 아이였다. 첫 만남부터 스스럼없이 말을 건네던, 어떤 상황에서도 할 말은 하던 정의감 넘치는 미나. 울 때는 확실하게 울고, 웃을 때는 구김 없이 웃는, 감정에 충실한 아이.

"난 미나야. 넌 이름이 뭐니? 뭐?? 송이라고???? 초코송이에 송이? 이름 진짜 멋지다. 나 초코송이 진짜 좋아하는데!"

첫 만남의 미나의 말에 송이는 이 아이가 날 놀리는 건 아닌가 엄청나게 경계를 했었다. 하지만 석 달쯤 지난 뒤, 아이들끼리 어떤 놀이를 할지 정하는 데 가만히 듣기만 하던 송이에게 휙 고개를 돌리며 '송이야? 너는 뭐 하고 싶어? 우리 그동안 돌아가면서 하고 싶은 거 한 번씩 했으니까 오늘은 네가 하고 싶은 거 하자.'라고 말했을 때, 송이는 마음속으로 미나와 정말 친하게 지내고 싶다고 생각하게 되었다. 그동안은, 항상 아이들 말에 호응해 왔던 탓에 아무도 송이 의견을 묻지 않던 시점이었다. 물론 이런 일들을, 미나는 하나도 기억 못하고 있겠지만.

송이는 본인이 얌전한 무채색에 가까운 아이라고 생각했다. 하지만 미나는 다르다. 총천연색 느낌이다. 그래서 미나랑 함께 있으면 자신의 모습도 파스텔톤 색깔 정도로 물드는 기분이었고, 그 느낌이 나쁘지 않았다.

이런저런 생각을 하며 미나와 놀고 있는데 도율이가 쭈뼛거리며 다가온다.

"미나야, 아까 너 기분 나쁘게 하려고 한건 아닌데, 울려서 미안해."

"응, 뭐가??"

정말로 아무것도 모른다는 듯이 대답하는 미나.

"아니 아까 피구 시간에. 너 나가라고 한 거. 너 기분 나쁘라고 한 말 아니었는데...."

"아아 그거! 괜찮아. 이겨서 아이스크림 먹었으니까 괜찮아. 너도 녹기 전에 빨리 가져다 먹어!"

정말 기억조차 못 했다는 듯이 대답하는 미나를 보며, 문득 송이는 미나가 진짜 기억을 못 하는 걸까 도율이가 어색해할까 봐 편하게 해주려고 기억 못 한 척을 한 것일까 궁금했다.

"송이야! 이 까눌레 너한테 특별히 하나 줄게. 내가 진짜 좋아하는 건데, 너도 내가 진짜 좋아하는 친구니까. 히히히."

하굣길, 헤어지는 길에 송이의 손에 미나가 까눌레 하나를 쥐여 준다. 포장지에 스마일 스티커를 무지개 색깔로 붙여 놓은 것이 미나답다.

"그럼 내일 봐 송이야!!!!!"

 미나가 반짝반짝 웃으며 손을 흔든다. 송이도 덩달아 기분이 좋아진다.

[2] ADHD와 친구관계 - 1

- 미취학에서 초등학교 저학년까지

송이는 미나를 보며 '총천연색 아이'라고 생각합니다. 그리고 그런 미나를 부러워하기도 하지요.

ADHD로 진단받는 경우, 시기별로 친구관계에 어떤 특징을 보이는 경우가 많습니다. 그중, 미취학 시기와 초등학교 저학년 시기에 대해 이야기해 볼까 합니다.

이 시기의 아이들은 과잉행동이 동반된 경우 지나치게 활발하거나, 친구들에게 과하게 장난을 치는 경우가 있지요. 친구가 하지 말라고 해도 장난이 재미있으면 계속하다가 꾸중을 듣기도 하고, 어릴수록 화가 나거나 속상할 때 말이 아니라 (친구를 밀치는 등의) 행동이 먼저 나와서 병원을 찾게 되기도 합니다.

하지만 과잉행동이 동반되었다고 하더라도 그 정도가 심하지 않다면 이 시기에 병원에 오지 않고 지나가는 경우도 많습니다. 이런 경우에는 사실 대부분 주변에서의 평가가 '활발한 친구'입니다. '잘 웃고, 즐거워하고, 아이디어도 많은 친구'. 그래서 친구들 사이에 인기가 많은 경우도 많습니다.

과잉행동이 동반되지 않은 경우에는, 눈에 보이는 증상이 두드러지지 않기 때문에 그저 '공상이 많고, 멍 때리는 시간이 많은 친구' 정도의 평가를 듣거나, 주변에서는 눈치채지 못하는 경우도 많습니다.

그래서 문제가 될 정도의 과잉행동이 없거나, 문제행동이 있어도 병원을 내원하여 이 부분에 대한 치료를 꾸준히 받는 경우에는, 초등학교 저학년까지는 아이들 본인이 친구관계에서 어려움을 느끼는 경우는 많지 않습니다.

2005년 여름
미나의 여름방학

"선희 씨 그동안 좀 어떠셨어요?"

"그런대로 잘 지냈어요. 이전보나 같은 일에도 화가 덜 나요. 미나도 예전보다 잘하고 있는 것 같기도 하고요. 그런데 이게 미나가 실제로 변한 건지, 제가 마음의 여유가 생겨서 그렇게 보이는 건지는 잘 모르겠어요. 선생님 말씀대로 늑장은 부려도 학교도 학원도 잘 다니고, 미루기는 하지만 숙제도 밤늦게라도 해가기는 하고. 시험 점수는 들쭉날쭉이지만 학원 수업도 듣기는 하는 것 같고. 물건은 자주 흘리고 다니지만 그래도 다치지 않고 다니는 것만 해도 다행이다 싶고요. 그런데 곧 여름방학이라 좀 걱정이에요. 미나랑 하루 종일 붙어 있으면 제 인내심이 또 바닥이 날까 봐요."

벌써 이 진료실에 들어온 지도 여덟 번째. 처음에는 조금 망설여지기도 했지만, 약도 먹고 상담도 하면서 선희 씨는 한결 마음이 가벼워졌다. 그리고 미나 이야기를 가감 없이 할 수 있는 곳이 생긴 것도 마음이 편했다.

"그런데 선생님, 전에 선생님이 언뜻 이야기하셨던 ADHD 말인데요... 인터넷으로 검색해 보니 저희 미나랑 참 많이 비슷하던데. 그러면 미나도 ADHD 일 수도 있나요? 미나가 교실을 막 돌아다닌다든지 행동이 과격한 건 아니거든요. 뭔가 문제가 생겨서 밖에서 크게 지적받는 것도 아니고요. 전에 말씀드린 대로 학교에서는 오히려 모범생 소리를 듣기도 해요. 집에서야 엉망진창이지만요."

"제가 미나를 직접 보지는 못해서 뭐라 단언하기는 어렵지만, ADHD도 양상이 다양하니까요. 증상이 심하지는 않아도 그런 기질을 어느 정도 가지고 있을 수도 있지요."

"그럼 미나도 꼭 진료를 보고 치료를 해야 하나요?"

"본인이 불편하거나 남에게 피해를 주는 게 아니라면 꼭 당장 치료를 할 필요는 없다고 생각해요. 하지만 미나의 성향에 대한 평가는 받아보시길 권하고 싶어요.

ADHD인 어린 친구들은 자신들이 남들과 다른 기질이라는 것을 모르거든요. 그래서 억울함도 있고요. 주변에서는 ADHD가 아닌 친구들을 기준으로 뭐든 정해져 있으니까요. ADHD여도 미나처럼 세상에 어느 정도 적응해서 살아간다면 본인은 열심히 노력하고 있는 것인데, 주변에서는 게으르다거나 자기중심적이라거나, 성격이 너무 불같다는 지적을 받는 경우가 많아요. 그렇게 부정적인 평가를 많이 받다 보면 아이들은 우울에 빠지기도 해요. 그래서 아이가 어릴수록 주 양육자가 아이에 대해 정확히 알고, 아이 성향에 맞춰서 그에 맞는 방법으로 대해 주시는 것이 필요합니다. 어린 ADHD 친구들 치료법 중에 가장 중요한 것 중 하나가 부모교육이기도 하고요."

'본인은 열심히 노력하고 있는 것인데'라는 선생님의 말씀이 선희 씨 마음에 콕 박힌다. 선희 씨도 그간 미나가 노력하지 않고 자기 내키는 대로만 행동한다고 얼마나 잔소리를 해 왔던가.

"그럼 미나가 ADHD라고 한다면, 미나 말에 늘 공감해 주는 것이 좋을까요?"

"공감해 주시는 것은 중요해요. 하지만 그게, 항상 미나에게 모든 것을 맞춰주시라는 뜻이 아니라 가르칠 것은 가르치면서, 혼낼 것은 혼내면서 지내시면서도 미나가 얼마큼 애쓰고 있는지는 알아주셔야 한다는 뜻이에요. 그리고 스스로가 노력하고 있다면 그 부분은 칭찬해 주시고요. 항상 혼나기만 하는 친구들은 자기효능감이 떨어지고, 그러다 보면 나중에 '뭘 해도 소용없다.'고 하면서 자포자기하게 될 수 있거든요."

"네, 선생님. 그럼 남편과 상의해 보고 방학 때 한번 데려와 보도록 할게요."

  선희 씨는 마음 한켠이 아려왔다. 그동안은 미나를 낳고 나만 힘들다고 생각해 왔는데. 아이도 아이 나름대로 힘든 부분이 있을 수도 있다니. 그 부분은 내가 잘 보듬어 주었어야 하는데, 그동안 잔소리만 해댔던 것 같다는 생각에 미안한 마음이 든다.

***

"아, 아니라고! 안 한다고!! 양치하기 싫다고!!!!"

  미나는 빽 소리를 지른다. 그런데 좀 이상하다. 엄마가 혼내지 않는다. 지긋이 미나를 쳐다보고 있다.

"엄마, 왜 그래? 나 안 한다니까?"

엄마는 대꾸하지 않고 조용히 방 밖으로 나가버린다.

'뭐지? 왜 나한테 화내지 않지?'

분이 풀리지 않은 미나는 방바닥에 괜히 인형들을 던져본다. 혼자 소리도 질러본다.

"왜! 왜!! 왜 그러냐고??? 나 진짜 하기 싫다니까?"

* * *

항상 양치하라는 소리를 들어온 미나는 그 소리가 그렇게도 싫었다.

'내가 애도 아니고, 같은 말을 엄마는 몇 번을 반복하는지! 내 이빨에서 광이 나지 않으면 엄마는 성에 차지 않나 보다. 짜증난다. 지금 신나게 한창 만들기에 빠져 있는데!!!!'

얼마나 시간이 지났을까? 혼자 짜증 내며 소리를 지르고 있는 것이 어색하고 민망하게 느껴질 무렵 엄마가 들어온다.

"미나야, 네가 하기 싫은 건 알겠어. 하지만 해야 하는 일인 건

너도 알지?"

조용히 울리는 엄마의 음성.

미나는 마지못해 세면대로 향한다. 이미 만들기도 흥이 다 식었다. 울상을 하고 이를 닦는데 갑자기 엄마가 부드럽게 말한다.

"우리 미나, 그래도 이번엔 많이 화 안 내고 20분 만에 양치하네. 다른 때보다 잘했네."

'응??? 이게 무슨 천지가 개벽할 일인가? 양치를 바로 안 했는데 엄마가 칭찬을 하다니?'

미나는 눈을 동그랗게 뜨고 거울 속의 엄마를 바라본다. 진짜 같은 사람이 맞는 것일까?

그때부터 알 수 없는 일들이 계속되었다. 엄마가 화를 덜 낸다. 잔소리를 덜 한다. 뭘 하면 자꾸 칭찬도 해준다. 미나는 좋으면서도 어색하고 불안해져서 왜 그런지 곰곰이 생각해 본다. 며칠 전 어디 가서 선생님이랑 문제도 풀고, 그림도 그리고, 장난감으로 놀기도 하고, 이야기도 나누고 왔는데. 혹시 그것 때문일까? 이번 방학 때 특별한 일이라곤 그것밖에 없는데. 그런 생각을 하고 있을 때 엄마가 들어오더니 또다시 미나를 놀라게 한다.

"미나 오늘 학원에 가방 놓고 왔다며? 너도 잘 챙기려고 애썼는데 아끼는 가방 놓고 와서 속상했지? 엄마랑 같이 가지러 다녀오자."

앗, 그러고 보니 방금 학원에 다녀왔는데 가방이 없다. 내가 진짜 아끼는 가방인데. 가방이 없어졌다는 사실을 그제야 깨달은 미나는 속이 확 상하면서도 엄마가 혼내지 않는 것이 이상해 엄마 얼굴을 요리조리 살펴본다.

"왜 미나야? 엄마 얼굴에 뭐 묻었니?"

미나는 얼른 고개를 도리도리 흔들고 엄마를 꼭 껴안는다.

"엄마, 가방 찾으러 같이 가줘서 고마워요."

***

"미나야 잘 다녀와! 친구들이랑 재미있게 보내고!!"

"당신도 빠뜨린 것 없죠? 조심히 잘 다녀와요."

오늘은 미나가 태어난 이후 처음 맞이하는, 선희 씨의 온전한 자유부인 날이다.

 미나가 처음으로 아침부터 저녁까지 체험을 가는데, 마침 남편도 오늘부터 출장을 간다. 미나 혼자 보내는 이렇게 긴 체험은 처음이라, 보내기 전까지는 걱정이 있었지만, 막상 보내기로 결정하고 나니 너무나 오래간만에 맞이하는 혼자만의 시간이 기다려졌다.

 하지만 설렌 마음으로 미나와 남편을 배웅하고 집에 들어온 선희 씨를 기다리는 것은 난장판이 된 집. 갑갑함이 몰려온다. 두 명 짐을 싸서 보낸 것뿐인데, 집은 흡사 도둑이 다녀간 것처럼 난장판이다. 미나 방도 남편 옷장도. 왜 서랍은 죄다 열려 있으며, 옷들은 방바닥에 끄집어져 있는지. 미나가 쓰던 색연필이 발에 밟히고, 남편이 마시고 난 컵은 TV 옆에서 발견된다. 어디서 온 건지 모를 양말 한 짝이 뒤집어져 부엌 바닥에 뒹굴고 있다.

'그냥 그때그때 제자리에 두면 될 텐데.'

 자주 마주하는 집안 풍경이지만 선희 씨는 매번 도통 이해가 가지 않는다.

"띡 띠디딕."

 그때 울리는 도어락 열리는 소리. 돌아보니 남편이 허둥지둥 책상 위에서 물건을 가지고 나간다.

"이거 챙긴다고 하고 빠뜨릴 뻔했네! 나 다녀올게! 당신 잘 쉬고 있어!!"

남편은 해맑게 씩 웃으며 서둘러 다시 집 밖으로 나간다.

***

집을 대충 치운 선희 씨는 소파에 앉아 오늘 하루 무얼 할까 고민한다. 오래간만에 친구를 만날까. 혼자 영화를 볼까. 쇼핑을 다녀올까. 하지만 깨끗해진 집에 조용히 혼자 앉아있는 것만으로도 너무 벅차서, 선희 씨는 우선 자신만을 위한 디저트를 세팅해서 TV 앞에 앉았다. 오늘을 위해 미리 사둔 까눌레와 초콜릿. 진한 커피 한 잔. 혼자서 누리는 호사.

선희 씨는 원래 조용하고 침착한 사람이다. 그래서 남편을 만났을 때 그 밝고 명랑한 기운에 푹 빠졌더랬다. 침체된 자신에 비해 에너지가 넘치는 남편. 그래서 남편이 옷장 문을 닫지 않는 것쯤은 괜찮았다. 선희 씨가 닫아주면 되니까. 하지만 미나가 태어나고 커가면서, 옷장 문을 닫는 사람은 자신 한 명이고, 열어두는 사람은 두 명이 되자 점점 감당하기가 힘들어졌다. 혼자서 삼인분의 옷장 문 닫기를 해야 하다니. 물론 옷장 문만이 문제는 아니다. 빨래를 빨래통에 넣는 것도, 먹고 난 그릇을 개수대에 가지고 가는 것도. 잃어버린 물건을 찾는 것도. 선희 씨 혼자 하다 보니 힘에 부쳤다. 그리고 짜증이 나기도 해서 미나나 남편에게 화를 내기도 했다. 하지만 그들은 그게 뭐 대수로운 일이냐는 식으로 선희 씨를 바라봤더랬다.

미나가 심리검사를 마치고 결과를 들으러 갔을 때 남편이 질문을 했었다.

"선생님, 그런데 말씀하신 것들, 보통 모두 그런 거 아닌가요? 제가 듣기엔 미나는 그냥 평범한 것 같은데요."

"아버님, 미나가 아버님을 닮았을 수도 있겠네요. ADHD는 유전성이 강하답니다. 그런데 사실, 미나와 다른 특성을 가진 분들이 세상 인구의 90% 이상을 차지하지요. 아마 부인분도 그러실 것이고요. 그래서 아버님과 미나는 잘 모르시겠지만, 미나 어머님은 서로 다른 점이 많아서 많이 힘드셨을 거예요."

그 말을 듣고 난 뒤 남편은, 다행스럽게도 선희 씨를 비난하지 않고 혼자 열심히 ADHD 공부를 하는 것 같았다. 물론 그런다고 뭔가 달라지지는 않았지만, 그냥 그 뒤로 선희 씨에게 고마워하는 눈빛이 느껴져서, 선희 씨는 그것만으로도 힘이 났다. 그전에는 뭘 그런 걸로 잔소리를 하냐고 비난 아닌 비난을 하던 사람이, 그래도 나를 이해해 주는 데서 오는 안도감.

가족이란 그런가 보다. 그냥 서로 너무 달라도, 나의 존재를 존중하고 인정해 주는 것만으로도 든든한 힘이 된다.

'나도 그래야겠지. 미나에게도 남편에게도. 그들을 존중하고 인정하고 아껴주는 존재가 되어야 할 텐데.'

선희 씨는 초콜릿을 한입 베어 물고 나서 슬며시 웃음이 난다. 그런데 왜 이런 애틋한 마음은, 이 사람들이 눈앞에 없을 때만 드는 것일까.

선희 씨는 미나와 남편이 돌아와도, 오늘의 생각을 완전히 잊어버리지는 말아야겠다고 스스로 다짐해 본다.

[3] ADHD와 감정기복

흔히 ADHD라고 하면 산만하고, 주의집중이 부족한 친구들을 떠올립니다.

물론, 그런 점들이 ADHD의 특징이기는 하지만, 사실 ADHD인 아이들과 그 가족들이 가장 힘들어하는 부분 중 하나는 감정조절의 어려움입니다.

미나는 피구를 하다가 억울하게 본인이 경기에서 나가야 한다는 사실에 울음을 터뜨리지만, 바로 그 뒤에 좋아하는 아이스크림을 먹고 신나합니다. 아직 아이이기에 감정이 수시로 변하는 것은 특별하지 않지만, 감정이 변하는 폭과 속도가 다른 친구들보다 크고 빠르지요.

ADHD 아이들의 경우, 어떤 감정에 휩싸였을 때, 남들보다 그 감정에 몰입하는 속도가 빠르고, 격렬합니다. 그러다 보니 즐거운 감정일 때는 흥겹고 재미있지만, 나쁜 감정에 빠졌을 때는 그 감정 표현이 굉장히 격해집니다.

그래서 혼이 나거나, 기분이 상하거나, 다툴 때 심한 말들이 튀어나오는 경우가 많습니다. 상대방에 비해 목소리가 커질 때도 많고요. 심한 경우에는 말보다 손이 먼저 나가기도 합니다.

그렇기 때문에 ADHD 아이가 친구와 싸운 경우, 친구와 다투게 된 이유보다, 다툴 때 친구에게 보이는 반응이나 혼날 때 혼내는 어른에게 보이는 '태도'의 문제로 더 혼나는 경우가 많습니다.

'너 친구를 때리려고 하면 어떻게 하니'

'너 왜 그렇게 버릇이 없니'

처럼 말이지요.

하지만 ADHD인 아이들은 (특히 어릴수록) 본인이 남들보다 감정이 쉽게 격해지는 경향이 있다는 점을 인지하지 못하고, (다른 사람으로 살아본 적이 없으니 다른 친구들의 감정이 차분하다는 것이 어떤 것인지 알기 어렵겠지요?) 그래서 억울합니다. 처음 잘못은 다른 아이가 했는데, 본인이 더 혼난다고 느끼니까요.

물론 급격하고 과격한 감정의 변화를 조절하는 것은, 꼭 배워나가야 하는 부분임은 분명합니다. 다른 사람을 때리는 행동은 해서는 안 되는 행동이고, 말을 심하게 하는 것은 상대를 상처받게 함과 동시에, 본인을 고립시키는 길이 되기 때문이지요. 하지만, ADHD 아이들에게 이 점을 가르칠 때는 무작정 혼내기보다는 억울해하는 부분은 '인정'해주고, 고쳐야 할 부분을 정확히 알려 주는 것이 필요합니다.

다행인 것은, 특별히 치료를 받거나 상담을 받지 않아도, 학교를 다니면서 ADHD인 아이들이 자신의 이런 부분을 어렴풋이 깨닫는다는 것입니다. 그래서 밖에서는 유쾌하고 즐거운 부분은 표현하고, 화날 때 격해지는 것은 나름의 방법으로 잘 참아서 어느 정도 잘 지내는 경우도 있습니다.

하지만 가정에서는 어떨까요?

가장 편안한 집에서는, 특히 엄마에게는 '사회모드'가 해제되면서, 그간 참았던 것까지 다 터져 나와서 더 격하게, 더 심하게, 언뜻 보기에는 훨씬 버릇없이 이야기하는 경우가 많습니다.

계속해서 엄마에게 부정적인 감정을 쏟아내고, 엄마가 곁에 없을 때에는 수십 통씩 전화를 해대기도 합니다. 말할 때 A to Z로 차분하게 힘든 부분을 설명하는 경우보다는, 지금 당장 '울컥'하는 부분을 쏟아내기에 어떤 경우에는 왜 그런지 정확한 이유도 모르는 채, 가족들은 부정적 감정의 홍수에 휩싸이는 경우들도 많습니다.

이런 상황에서 어머니들은

첫째로, '애가 이렇게 힘들면 어떻게 하지? 내가 뭔가 해줘야 하나?'라는 생각에 해결책을 모색하거나 알려주려고 노력하십니다. 하지만 감정이 해소가 안된 상태에서는 ADHD 아이들은 그 해결 방법이 귀에 들어오지 않습니다. 엄마가 내 말에 반박을 하거나, 심한 경우에는 내가 제대로 못하고 있다고 비난한다고 느끼기도 하지요. 그러면 부정적 감정이 점점 심해지고 그 화살이 엄마에게 돌아가기도 합니다.

둘째로, 그런 일들이 지나가고 나면 어머니들은 그 부정적 감정이 오래 여운이 남습니다. 하지만 ADHD 아이들은 (특히 어릴수록) 본인들이 쏟아낸 감정을 빨리 털어버리지요. 그래서 얼마 안 가 다시 즐거워하며, 엄마에게 안기고, 애교를 부리기도 합니다. 그게 귀여워 보이는 경우도 있지만, 어떤 경우에는 '저 아이는 왜 저런가, 지킬 앤 하이드인가.'라는 생각이 들며 미운 생각이 들 때도 많습니다.

이런 점 때문에 많은 ADHD 아이들의 어머니들이 힘들어합니다.

ADHD 아이들도 엄마와의 (혹은 다른 가족들과의) 이런 문제에서 힘들어합니다. 본인들이 과하게 화를 냈다는 자각이 별로 없는 상태에서

"너는 말투가 왜 그러니?"

"나이가 몇인데 그렇게 징징대??"

"어른에게 버르장머리가 없다!"

는 이야기를 자꾸 들으면, 당시의 상황은 자세히 생각나지 않고 저런 말들을 들어 힘들었던 기억만 남지요. 어떤 경우에는 가족들이 자신만 미워한다고 생각하게 되기도 합니다.

ADHD 아이들은 세상에서 가장 믿을만하고 편한 존재인 엄마 앞에서 편하게 감정을 모두 드러내는데, 바로 그 점이 어머니들을 힘들게 합니다.

어머니들은, ADHD 아이들이 혹여라도 밖에서 잘못될까봐 더 강하게 훈육을 하는데, 아이에 대한 인정이나 이해 없이 훈육만 앞선다면 ADHD 아이들은 외부에서보다 더 큰 상처를 받습니다.

서로 간의 갈등을 완전히 피하는 것은 불가능하기도 하고, 사실 바람직하지도 않습니다. 하지만 파국으로 치닫는 것은 슬픈 일이라고 생각합니다.

그렇다면 어떻게 해야 이런 갈등 상황을 현명하게 해결해 나갈 수 있을까요?

갈등이 고조되는 상황에서는 서로 time out을 가지는 것이 필요합니다.

ADHD 아이들이 감정이 좋지 않을 때에는, 평범한 말도 본인을 '공격'하는 말로 받아들이는 경우가 많습니다.

"A가 그런 의도로 너에게 그런 건 아니야."
-〉"그럼 A가 잘못한 게 아니라 내가 잘못한 거라는 거야?"

"B라는 방법으로 해보는 건 어때?"
-〉"그럼 내가 멍청한 방법으로 해서 실패 했다는거야?"

"오늘은 늦었으니 내일 마저 이야기하면 안 될까?"
-〉"지금 내 말이 하나도 중요하지 않다는 거야?"

처럼 말이지요. 그리고 그런 뒤에는 ADHD 아이들의 감정은 더욱 고조되고, 악화됩니다. 갈등의 시간이 길어지고, 결국 엄마가 '버럭'하는 것으로 끝나게 됩니다.

하지만 이런 경우 time out을 가지고 서로의 시간을 가지고 나면, ADHD 아이들도 감정이 어느 정도 고조되다가 다시 차분해지는 과정을 경험할 수 있습니다. 그리고, 그 과정을 통해 스스로 감정을 조절했다는 성취감도 느낄 수 있고요. 또한, 감정이 차분해진 상태에서는, 서로 평범하게 대화를 나눌 수 있습니다. 평범한 대화 속에 아이 말속에 인정할 부분은 인정해 주고, 가르쳐야 할 부분은 가르쳐 주어야 합니다. 그러고 나서, 가족들은 ADHD 아이들이 스스로 감정 조절한 부분을 칭찬해 주고, ADHD 아이들은 자신이 흥분했던 점에 대해 미안한 마음을 표현할 수 있다면, 가족 간의 관계는 더 끈끈해질 수 있을 것입니다.

2o1o

열네 살, 미나

2010년 봄
중학생 미나

"미나야, 오늘따라 입술이 반짝거리네."

간식을 내어주며 선희 씨가 말을 건다.

"이쁘지? 이거 리아가 발라줬어."

"리아?"

"응. 선명 초등학교 출신 앤데 예쁘고, 화장도 잘하고, 재미있어."

"같은 반에 아는 애 없다고 속상해하더니 리아라는 친구랑 좀 친해졌어?"

"응, 그리고 리아가 원래도 서윤이 다현이 주하랑도 친구거든. 그래서 걔네랑도 같이 놀게 되었지!!"

"그래도 그 친구들이 우리 미나를 좋게 봤나 보네."

"히히, 그랬나 봐. 그래서 말인데 엄마, 나 이번 일요일에 걔네랑 놀라기도 돼?"

"어디를?"

"노래방 가고, 로드숍 가서 나도 화장품도 사 보고. 같이 떡볶이도 먹고."

"화장이나 꾸미는 거 귀찮다더니, 친구들이 한다니까 하고 싶구나, 우리 미나. 음.... 월요일 학원 숙제 토요일에 미리 다 해놓으면 허락해 줄게."

"고마워 엄마!"

"숙제 다 하면이야!!! 그리고 화장은 학교 갈 땐 립밤 말곤 안 돼!!"

"응응."

미나는 선희 씨의 외침을 듣는지 마는지, 싱글벙글 기분이 좋다.

미나가 학원 간 사이 선희 씨는 미나가 중학생이 된 이래 처음으로 마음이 편하다.

그동안 친한 친구들이랑 다 다른 반이 되었다고, 아는 애가 반에 두 명 밖에 없는데 다 남자애들이라고 매일 울상을 하고 귀가했더랬다. 학교 가기 싫다고 매일 징징거리는 미나를 달래서 겨우 학교에 보낸지 보름째, 드디어 친구가 생겼나 보다. 네 명이 무리인 데 끼어, 홀수 무리를 이룬 것이 조금 불안하긴 했지만 그래도 없는 것보단 훨씬 낫지.

그나저나 매일 숙제는 밤늦게까지 미루고 미루다 겨우 하는 둥 마는 둥 하는 미나인데, 심할 때는 학원 가는 당일 직전까지 미루기도 하는데. 과연 미리 숙제를 마칠 것인가. 선희 씨는 궁금해졌다.

***

"미나야, 너도 좋아하는 사람 있어?"

노래방에서 리아랑 같이 신나게 노래를 부르고 있는데 다현이가 슬쩍 묻는다.

"뭐?!! 좋아하는 사람? 없는데??? 너는 있어?"

놀란 미나의 목소리가 노래방 마이크를 타고 쩌렁쩌렁 울린다. 깜짝 놀라 미나를 돌아보는 친구들. 미나는 놀라서 황급히 마이크를 치운다.

"너무 시끄럽게 해서 미안. 그런데 너무 놀라서."

미나는 다현이에게 조용히 속삭인다.

다시 리아가 노래를 부르기 시작하자, 다현이가 조그맣게 미나를 다독인다.

"괜찮아, 괜찮아. 그리고 나도 좋아하는 사람 없어..... 그런데 너 도윤이랑 친해?"

도윤이라니. 뜬금없이 도윤이 이야기가 왜 나오지? 미나는 도윤이랑 같은 초등학교를 나왔고 같은 학원을 다닌다. 서로 알고 지낸지 오래되어서 그런가, 편하게 막 대하는 사이는 맞는데. 그걸 친하다고 할 수 있으려나?

"같이 학원도 다니고, 말해도 어색하지 않은 사이긴 한데 왜??"

"혹시 도율이 여자친구 있니?"

도율이 여자친구??? 그런 건 상상도 안 해 봤는데....

"내가 알기론 없는데 한번 물어볼까? 그런데 왜? 누가 도율이 좋아하니??"

흥분한 미나의 목소리가 다시 커진다.

"앗, 미나야 조용히 조용히. 그냥 도율이는 누가 좀 물어봐 달라고 해서. 나중에 기회 되면 알아봐 줘야 해! 절대 내가 물어봐 달랬다고는 하지 말고!!"

"알았어. 걱정하지 마. 그나저나 이거 몽글몽글한 청춘 로맨스인가? 나 너무 신기하고 두근두근하다!! 내가 꼭 물어보고 알려줄게! 나만 믿으라고."

마치 자기 일인 양 눈을 반짝거리며 대답하는데, 리아 목소리가 들린다.

"미나야! 노래 같이 하다 말고 어디 갔어! 같이 부르자!!"

리아의 목소리에 자신이 노래를 부르던 중임을 깨달은 미나는 다시 노래방 기계로 시선을 돌린다. 하지만 도율이와 도율이를 좋아하는 미지의 여학생 생각에 노래 가사가 눈에 들어오지 않는다.

***

"뭐?? 여자친구? 그딴 걸 왜 물어보냐?"

학원 마치고 집에 오는 길, 죠스바를 들고 있던 도율의 얼굴이 붉어진다.

"그러니까 있냐고 없냐고. 예스 오어 노! 한마디만 해달라고."

"아이씨. 노코멘트다. 난 또 뭐 엄청난 일이라고. 아이스크림까지 사줘서 엄청 중대한 일인 줄 알았잖아."

"아이스크림 얻어먹었으면 답은 해야지!!!"

"도대체 그게 갑자기 왜 궁금한데? 쳇. 없다, 없어. 너도 나의 아픈 부분을 꼭 건드려야겠냐??"

"그래 알았어. 대답해 줘서 고맙다 김도율!"

"근데 나 좋아하는 사람은 있는데……"

아이스크림을 물고 집으로 달려가는 미나의 뒷모습을 바라보며 도율이는 조그맣게 중얼거린다.

***

"미나야, 빨리빨리. 너 그러다 또 지각하겠다."

 동동거리는 선희 씨 목소리에도 미나는 서두르는 기색 하나 없다. 되려 요즘은 '엄마는 왜 그렇게 동동거리고 지내?'라며 낭창하게 되묻기도 한다. 어릴 때처럼 목소리를 높여 다투지 않으니 다행인 것 같으면서도, 너무 낭창하게 대답하니 화가 나기도 한다.

 아침마다 선희 씨와 미나 사이의 등교 전쟁은 끝나지 않았다. 친구가 생긴 미나는 학교 가기 싫다는 말은 더 이상 하지 않지만, 여전히 시간 개념은 부족한 듯 보인다. 매번 아슬아슬하게 지각을 면하거나 5분, 10분의 지각. 선희 씨가 여전히 이해할 수 없는 것은, 늦을 것 같아도 절대 뛰는 법이 없는 미나이고, 미나가 절대 이해하지 못하는 것은 학교에 조금 늦는다고 큰일 난 듯이 난

리가 나는 엄마이다.

"다녀오겠습니다."

혼자 조급한 선희 씨를 뒤로하고 미나는 학교로 나선다. 반짝반짝 립밤을 바르고서.

"다현아, 매점 안 갈래?"

2교시가 마치자, 미나는 다현이를 불러낸다.

"어? 지금? 나 국어 숙제 다 못해서 지금 해야 해. 미안."

"아, 맞다! 나도 국어 숙제!"

미나는 우당탕탕 자기 자리로 돌아가 책을 편다. 오늘도 또 깜박이다. 중학교 입학 후에 숙제만큼은 열심히 챙긴다고 챙겼는데, 이렇게 결국 빠뜨려버리고 말았다. 그래도 오늘은 다현이 덕분에 위기를 넘겼다. 쉬는 시간마다 엄청난 집중력을 발휘해 숙제를 겨우 마친 미나는 국어 시간이 시작하자마자 진이 빠져버렸다.

"다현이는 숙제 못 해왔니? 아직 학기 초인데 이렇게 정신이 없어서 어떻게 하니. 내일 아침까지 해서 선생님 자리로 가져다 놓으렴."

국어 선생님의 목소리에 미나는 순간 귀가 쫑긋해진다. 다현이 아까 숙제 열심히 하던데. 왜 못했지?

점심시간, 미나는 도시락을 들고 아이들이 모여있는 자리로 가서 다현이를 툭 치며 묻는다.

"다현아, 네가 숙제 있다고 나한테 알려줘 놓고 왜 다 못했어. 쉬는 시간에 엄청 열심히 하더니."

"어, 어어... 생각보다 너무 많아서. 오늘 마저 하지 뭐. 도시락이나 먹자."

"다현이가 숙제를 못했다고? 우리 다현이가 얼마나 모범생인데 숙제를 못했지?"

리아가 옆에서 짐짓 놀란 듯 목소리를 높인다. 그리고 묵묵부답인 서윤이랑 주하.

미나는 순간 뭔가 묘하게 불편한 느낌이 들었지만, 금세 잊어버린다. 점심 먹고 나서, 다현이와 둘이서만 매점으로 향하며 미나는 어제 알아낸 정보를 신이 나서 말했다.

"야, 도율이 여자친구 없대. 누군지 모르지만 도율이한테 관심 있는 친구한테 꼭 전해줘. 그나저나 김도율 여자친구 생기면 내가 엄청 놀려줘야겠다."

"응, 그래."

 평소보다 더 조용한 다현이의 반응에, 누군가의 연애 문제에 흥분했던 미나도 괜히 힘이 쭉 빠진다.

※ ※ ※

"미나야, 자꾸 이렇게 지각하면 안 되지."

"죄송해요, 선생님."

 중학교 입학하고 처음으로 교무실에 불려 들어간 미나는 잔뜩 움츠러든다.

"내일부터는 조금씩만 일찍 오자, 응?"

"네…"

 의기소침해서 나오는데 국어 선생님 자리에 다현이가 와 있다. 어제 숙제 때문인가 보다. 곁을 스쳐 지나가는데 스치듯 들리는 국어 선생님 목소리.

"다현아, 그런데 네 숙제 글씨랑 리아 숙제 글씨가 같은데, 왜 그런 거니?"

글씨가 같다고? 그게 무슨 뜻이지? 그나저나 선생님 눈 진짜 좋으신가 보다. 애들 필체를 알아보시다니.

미나는 오늘 수업 시간에 전혀 집중이 안 된다. 리아 글씨체가 다현이 글씨체랑 비슷했던가. 그것만 골똘히 생각하는 중이다.

"자, 다음은 미나가 읽어보렴."

영어 선생님 목소리에 화들짝 놀란다. 짝꿍이 책의 한 부분을 콕 집어 준다. 눈치 빠른 짝꿍.

"디스 이즈 어…"

하굣길에 미나는 다현이를 쫓아갔다. 원래 집 방향이 달라서 교문을 빠져나오면 헤어져야 하지만, 오늘은 궁금증을 못 참겠다.

"다현아, 나 물어볼 게 있는데."

"뭔데?"

"너랑 리아 숙제 필체가 같은 게 무슨 말이야?"

"뭐? 그게 무슨 말이야?"

화들짝 놀라는 다현이.

"나 아침에 교무실에 있었거든. 국어 선생님이 그러시던데."

"아무것도 아니야. 너 그리고 그런 소리, 아무한테도 하면 안 된다. 나 급한 일 있어서 먼저 갈게."

당황한 듯, 쌀쌀맞게 말을 하고 다현이는 빠르게 발걸음을 옮긴다.

* * *

며칠 뒤, 영어 쪽지시험 시간. 대충 문제를 풀고 주변을 둘러보던 미나는 답안지를 서로 바꾸는 다현이와 리아를 발견한다. '이를 어쩌지? 저걸 선생님한테 말할 수는 없는데. 그런데 왜 바꾸는 거지?'

"어머, 리아는 또 만점이네. 대단하다."

점심시간, 주하랑 서윤이가 리아를 칭찬한다.

"리아는 공부도 잘하고, 얼굴도 예쁘고. 부럽다, 부러워."

"에이 뭐, 그냥 오늘 운이 좋았나 보지."

 리아는 수줍은 듯 말하며 웃는다.

 쉬는 시간, 이번에도 궁금증을 참지 못한 미나는 리아를 따로 불러냈다.

"리아야, 그런데 나 궁금한 게 있는데."

"응?"

"아까 영어시간에 시험지는 왜 바꾼 거야?"

"얘가 무슨 소리야?"

"너 다현이랑 시험지 바꾼 거 아니야? 내가 잘못 본 건가?"

"무슨 소리야, 너 그러다가 생사람 잡겠다. 잘못 봤겠지."

 리아는 절대 말이 안 된다며 펄펄 뛴다.

"아, 그렇구나, 미안. 혹시 기분 나쁘게 했으면 미안해. 내가 확실하지 않으면 계속 생각이 나서 물어봤어."

"응, 응. 오해야 오해. 우리 그런 거 말고 소풍 때 어떻게 놀지나 생각해 보자."

리아는 배시시 웃으며 미나의 팔짱을 낀다.

20010년 초여름
질풍노도의 미나, 질풍노도의 선희씨

"미나야, 간식 먹고 학원 가야지."

"……"

"미나야, 곧 학원 시작하잖아. 네가 좋아하는 떡볶이 해놨으니까 먹고 다녀와."

"내가 무슨 식충이야? 엄만 뭐 맨날 먹는 걸로 꼬셔서 학원 가라고 잔소리야! 갈 때 되면 내가 알아서 가겠지!"

"미나야, 그게 무슨 소리야? 엄마가 뭘 잘못했다고? 먹기 싫으면 그냥 안 먹으면 되지! 그리고 학원은 네가 다니겠다고 해서 등

록한 거잖아!"

"아, 잔소리좀 쫌 그만! 진짜 못 들어 주겠네!"

또 다시 시작이다. 별거 아닌 일에 신경질 내는 미나. 한동안 천사 모드였는데 이건 또 무슨 일인가. 어려서부터 반복되는 패턴이지만, 이렇게 한 번씩 당할 때마다 매번 선희 씨는 마음의 상처가 크다. 울컥하는 마음도 크다. '내가 뭘 잘못했다고? 아무리 엄마라도 이런 것까지 다 받아줘야 하는 건가?' 그러면서 걱정도 된다. 또 학교에서 무슨 일이 있는 걸까.

선희 씨가 미나를 내버려두고 거실에 나와 식어가는 떡볶이를 혼자 먹고 있자니 쌩하니 학원 가방을 들고 미나가 지나간다.

"쾅!"

현관문 닫히는 소리.

선희 씨는 조그맣게 한숨을 내쉰다. 이번 미나의 짜증은 과연 얼마나 갈까.

※※※

그날 저녁,

"미나야, 아빠 아이스크림 사 왔다."

태현 씨가 집에 돌아와 미나를 반갑게 부른다.

"…"

"미나야, 아빠가 부르면 대답은 해야지."

"아, 몰라."

"아이스크림 사 왔다니까?"

"아 왜, 자꾸, 엄마도 아빠도 왜 자꾸 먹을 걸로 사람을 꾀어내? 내가 그렇게 단순해?"

"아니, 아이스크림은 네가 좋아하는 거니까 그렇지."

"내가 먹을 거면 다 되는 그런 애냐고!! 엄마도 아빠도 진짜 싫어! 나에 대해 아무것도 몰라!"

좋은 기분으로 미나에게 말을 걸었다가 당황스러운 반응에 태현 씨 얼굴이 갑작스럽게 굳어진다.

"미나야 그만해. 그냥 방에 들어가."

보다 못한 선희 씨가 수습에 나선다. 남편이 폭발하면 더 문제다. 하지만 선희 씨 마음을 아는지 모르는지, 미나는 멈출 줄 모르고 폭주하기 시작한다.

"왜 맨날 둘이 한편이 되어서 나만 애 취급이냐고! 내가 이러니까 집에서 맨날 스트레스를 받지! 아 진짜 씨...."

"미나, 너. 보자 보자 하니까. 스트레스 받을 게 없어서 이런 걸로 스트레스를 받니? 그리고 방금 욕하려고 그런 거야? 너 그럴 거면 학원이고 뭐고 다 그만두고, 여기서 살지 마. 어? 학교는 뭐하러 가! 당장 나가!!!!!!!"

결국 태현 씨가 터졌다. 선희 씨는 힘이 쭉 빠진다.

화가 나면 잠깐 시간을 가지고 머리를 식혀야 한다고, 미나는 ADHD인 아이니까 순간적인 감정 조절이 어려울 수 있다고 분명 병원에서 같이 들었는데. 그리고 꼭 그러겠다고 남편도 약속을 했는데. 잘 참는 것 같다가도 두세 달에 한 번씩은 꼭 남편과 미나가 대립한다.

그리고 그때마다 선희 씨는 조마조마하다. 시작은 작은데 왜 끝을 보려고 하는지. 그리고 왜 화해는 모두 선희 씨의 몫인지. 둘이 알아서 해결하게 두면 왜 말을 서로 안 하는지.

"쾅!"

미나가 진짜로 현관문을 닫고 나가버린다. 선희 씨는 화들짝 놀라 황급히 따라나선다.

"당신, 따라가지 마. 뭘 잘했다고 나가긴 나가!!"

"지금 열한시에요. 미나는 아직 중학교 1학년이고. 당신은 아빠잖아요."

처음 잘못은 미나가 한 것이 맞지만, 순간적으로 나가버리라고 말한 남편에게 선희 씨는 화가 더 많이 났다. 남편도 '욱'하는 성격이 있어, 평소에는 미나와 남편이 서로 대립해도 양쪽 다 좋게 좋게 이해하려 노력하지만, 이번 건은 미나가 너무 걱정이 된다. 여중생은, 진짜 집을 나갈 수도 있는 존재인 걸 남편은 모르는 걸까. 화가 나도 하지 말아야 하는 말이 있는데. 아니면 남편은 본인 화가 그렇게까지도 주체가 안되는 걸까. 왜 항상 본인 기분이 우선인가. 자식 훈육에서는 조금쯤 아이를 먼저 생각해도 되지 않는가.

미친 듯이 집 주변을 돌았다. 겁 많은 미나라 멀리 가지 않았을 것 같은데. 아파트 모든 층을 확인하고, 집 앞 놀이터 세 군데를 돌고, 집 앞 상가를 구석구석 찾아다니는 사이 선희 씨는 맥박이 점점 빨라지고 숨쉬기가 힘들었다. 혹시 진짜 무슨 일이 생긴 건 아닐까. 급하게 뛰어나가다가 사고라도 난 걸까. 이상한 사람들이 데리고 간 건 아니겠지. 갑자기 머리가 하얘지고 토할 것 같은 느낌에 선희 씨는 보도블럭에 주저앉는다.

"띠링."

그때 울리는 휴대폰 알람 소리.

전화기를 열어보니 송이 문자다.

'어머니, 미나 저랑 같이 학교 옆 편의점에 있어요. 조금 있다가 데리러 와 주세요.'

갑자기 탁 풀리는 긴장의 끈. 왈칵 눈물이 쏟아져 한참을 고개를 파묻고 울고 난 뒤, 선희 씨는 편의점으로 향한다.

＊＊＊

　편의점에 들어서 미나를 보자 선희 씨는 만감이 교차했다. 아이를 찾았다는 안도감. 또 이러면 어떻게 하나 하는 걱정. 그리고 왜 이 아이는 꼭 그때 뛰쳐나가야만 했는가에 대한 원망.

　미나도 온 얼굴에 눈물범벅이다. 송이를 붙잡고 한참을 울었나 보다.

"엄마, 여긴 어떻게 왔어?"

"내가 알려드렸어, 미나야."

　송이가 먼저 대답한다.

"미나야, 이제 집으로 가야지. 송이도 이제 가서 자야 하고."

"나 들어가기 싫은데...."

"미. 나. 야."

미나는 슬쩍 얼굴을 들어 선희 씨 얼굴을 살핀다. 엄마가 목소리를 낮게 깔 때는 사태가 진짜 심각해지기 직전이다. 엄마의 눈치를 살피는데 엄마 눈두덩이가 붉다. 엄마도 울었나? 미나는 할 수 없이 엄마 손을 잡고 나오며 작게 속삭인다.

"그래도 오늘은 아빠가 심하게 말한 거잖아. 나보고 나가라고 하고. 나 아빠한테 오늘은 먼저 사과 안 할 거야."

"……"

"엄마?"

"그래, 미나야. 이번에는 너랑 아빠랑 서로 풀고 싶을 때 풀어. 그래도 집 나가는 건 안돼."

힘없는 선희 씨의 목소리에 미나는 슬쩍 엄마를 바라본다. 엄마 표정이 조금 지쳐 보인다. 미나는 오늘은 조용히 들어가야겠다고 마음먹는다.

* * *

"다녀왔습니다."

다음 날, 학교를 마친 미나가 집에 들어서는데 인기척이 없다.

식탁 위에는 쪽지 두 개와, 참외 두 접시가 놓여있다. 쪽지의 제목은 '미나에게' 그리고 '태현 씨에게'

미나는 자신의 쪽지를 집어 든다.

'엄마가 오늘은 늦게 들어갈 것 같아. 참외 잘 챙겨 먹고 학원 조심해서 다녀오렴.'

미나는 조금 걱정이 된다. 엄마가 이렇게 짧은 쪽지만 남겨두고 나간 적은 없는데. 아침에 미리 말해주거나, 아니면 전화로 자세히 설명하고 외출하곤 했는데. 오늘의 쪽지에 있는 엄마의 글은 한 줄뿐이다.

"지금은 고객님이 전화를 받을 수 없어...."

다급히 전화를 걸어보지만 엄마는 전화를 받지 않는다. 걱정이 되어 두 번, 세 번 전화를 걸다가 다시 쪽지를 본다. 그래도 밤에는 들어온다고 했으니까. 미나는 참외를 먹고 학원 갈 준비를 한다. 학원 다녀오면 엄마가 맞이해 주겠지? 문을 열고 나가려는데 방금 먹고 난 빈 접시가 눈에 띈다. 미나는 오래간만에 개수대에 접시를 옮겨놓는다.

***

"다녀왔습니다."

학원에 다녀왔지만 엄마는 집에 없다. 대신 아빠가 우두커니 식탁 앞에 서 있다. 아빠는 오늘 좀 불편한데.

불편한 아빠는 불편한 표정으로 쪽지를 읽고 있다.

'태현 씨에게 - 오늘은 좀 늦게 들어갈게요. 당신은 잘 모르겠지만 미나랑 당신이랑 싸울 때마다 나는 가운데서 너무 조마조마해요. 그리고 두 사람이 서로 화해할 때까지 살얼음판 같네요. 물론 그건 내 마음의 문제일 수도 있지만, 오늘은 둘 사이에 있는 게 너무 힘들 것 같아 밖에서 좀 쉬다가 미나 잠들 때쯤 들어갈게요.'

태현 씨는 기분이 불편했다. 미나 때문에도 화가 났는데, 아내가 오늘 가출 아닌 가출이라니. 짜증이 몰려온다.

사실 미나에게는 미안한 마음도 조금 있긴 하다. 미나가 잘못한 것은 맞지만, 집을 나가라고 했을 때는 아차 싶었다. 하지만 한발 늦은 느낌. 말이 먼저 튀어나와 버렸다. 아내가 미나를 찾으러 집 밖으로 나갔을 때는 너무 걱정이 되어 태현 씨도 뒤늦게 따라나가 집 주변을 샅샅이 찾았더랬다. 그러다가 길가 보도블럭에서 울고 있는 아내를 보았다. 그때 다가가 위로를 했어야 했을까?

 태현 씨는 이 모든 상황이 불편하다. 어떻게 해결해야 할지 모르겠다. 그냥 자기만의 방으로 숨어버리고 싶다.

 쪽지를 들고 돌아서는데 미나가 보인다. 풀 죽은 작은 강아지 같은 모습이다. 알 수 없는 눈빛으로 태현 씨를 바라보더니, 자기 방으로 쏙 들어가 버린다. 태현 씨는 어쩔 줄 몰라 하다가 식탁 위에 놓여있던 참외를 집어 든다. 아내에게 연락을 해봐야 할 것 같은데 어떻게 운을 떼야 할지 모르겠다. 항상 이럴 때 먼저 손을 내밀어 준 건 선희 씨였다. 어색한 상황이 오래가지 않게. 그런 아내가 자리를 비우자 불편함 투성이다. 참외를 다 먹은 태현 씨는 핸드폰을 꺼내 들고 문자를 보낼까 말까 한참을 고민하다 그냥 자리에 가 누워버린다.

[4] ADHD와 가족 내 역동

ADHD는 유전 성향이 강한 질환으로 알려져 있습니다. 그렇기 때문에 아이가 ADHD로 진단받은 경우, 부모 중의 한 명이 그러한 성향을 가지고 있는 경우가 자주 있지요. 이러한 경우, ADHD 성향을 지닌 부모와 그렇지 않은 부모가 아이를 대하는 태도가 다른 경우가 종종 있습니다.

이에 대해 단순하게 정리해 보자면

ADHD 성향이 있는 부모

장점: 아이에 대한 이해도가 높다

단점: 아이가 짜증을 내거나 감정을 극대화해서 표출할 때, 같이 화가 나서 '욱'하며 화를 표출하여, 갈등이 커지게 할 수 있다.

ADHD 성향이 없는 부모

장점: 아이가 감정기복이 심할 때, 이에 대해 과하게 반응하지 않고 참을 수 있다.

단점: 아이의 일상생활에서의 행동들이 이해가 되지 않아서 (방 정리, 물건 챙기기, 시간 약속 지키기 등이 안되는 모습) 잔소리가 더 많을 수 있다.

이야기 속에서 미나의 아빠 태현 씨는, 평소에 옷장 문, 서랍 문 등을 열어놓고 다니는 등 정리 정돈을 잘 하지 못하고 한 번씩 필요한 물건을 깜박하고 나가지만, 대신에 비슷한 미나의 모습을 보고도 크게 스트레스를 받거나, 매번 잔소리를 하지는 않습니다. 그런 모습이 이상하다고 생각되지 않기 때문입니다.

하지만 미나가 말대꾸를 하고 반항하는 태도를 보이는 순간, '욱'하는 마음이 올라와 '집에서 나가.'라고 외쳐버립니다. 본인도 감정이 빠르게 격해지는 성향이기 때문이지요.

미나의 엄마 선희 씨는 평소에는 미나의 행동이 이해가 되지 않습니다. 그런 미나의 모습 때문에 견디기 힘들어 정신건강의학과를 찾았을 정도니까요. 그래서 ADHD에 대해서 알기 전에는 매일 미나에게 잔소리를 하게 됩니다. 하지만 미나가 짜증을 내고 감정이 격해질 때는, 그 감정을 부채질하기보다는 극으로 치닫지 않도록 잡아주는 역할을 하지요.

물론 모든 가정이 미나네 집 같지는 않습니다. ADHD 성향이 있는 부모가 아이의 그런 모습을 더 과도히 걱정해서 더 심하게 잔소리를 하는 경우도 있고, ADHD 성향이 없어서 이해가 되지 않아 아이가 감정이 격해져 태도가 나쁠 때 이를 더 크게 혼내서 바로잡아줘야 한다고 믿고 혼을 심하게 내어 아이를 더 자극하게 되고, 결과적으로 갈등이 더더욱 극으로 치닫게 하는 경우도 있지요.

하지만 어떤 경우이더라도, 서로를 이해해 보려는 마음이 있다면 여러 번의 갈등을 겪더라도, 돈독한 가족관계를 유지할 수 있습니다.

사람은 힘들고 지치는 순간에 '나의 힘든 부분'에만 집중하게 되고, 다른 가족들이 이를 돌아봐 주지 않는 점을 섭섭하게 생각하게 됩니다. 어떤 때에는 가족이 밉기도 하고, 다시는 보기 싫은 마음이 들기도 하지요. 하지만, 나와 다른 가족의 '다름'을 인정하고, 이러한 '다름' 때문에 '다른 가족도 힘들 수 있다.'는 점을 인지하고 서로 노력해 간다면 '다름'으로 인해 갈등이 늘어나는 것이 아니라 오히려 삶을 바라보는 안목이 풍요로워지는 경험을 할 수 있을 것입니다.

2010년 초여름
선희씨의 마음

'달칵.'

새벽 1시. 집안은 고요하다. 거실 불이 켜져 있지만 인기척이 느껴지지는 않는다. 슬쩍 열려 있는 안방 문 너머를 바라보니 남편의 등 돌린 뒷모습과, 환히 빛나고 있는 핸드폰 액정이 보인다.

'아직 안 자는구나…'

하지만 남편인 태현 씨는, 선희 씨를 보러 나오지 않는다. 생각했던 대로구나 싶으면서도, 오늘은 먼저 말을 걸기가 거북해 미나 방 문을 빠끔히 열어본다. 불은 켜둔 채 애착 인형을 안고 잠

들어 있는 미나. 중학생이 되었는데도 꼬질꼬질해진 돌고래 인형을 버릴 줄 모르는 아이. 선희 씨는 씻지도 않고 미나 옆에 가서 몸을 누인다.

"엄마?"

잠결에 미나가 엄마를 부른다. 울다 잠들었을까. 잠꼬대인지 알 수 없는 '엄마' 소리에 울음기가 묻어난다.

"어, 엄마 왔어. 좀 더 자."

선희 씨는 미나를 다독이다 어느새 스르르 잠이 든다.

＊＊＊

다음날 아침, 미나와 선희 씨가 집을 나서자 태현 씨는 거실로 나온다. 잠을 제대로 자지 못해 머리가 띵하다. 어제는 아내가 들어올 때까지 기다렸지만, 집에 돌아온 아내는 방에 들어오지도, 다녀왔다는 말을 하지도 않았다. 계속 마음이 불편한 채로 선잠이 들었던 태현 씨는 아침에도 아내가 아무 말도 꺼내지 않자 기분이 점점 더 나빠졌다. 하지만 아내에게 화를 내기도 뭔가 찜찜

한 마음. 회사에는 반차를 내고 침대에 누워있다가, 아내와 딸이 집 밖으로 나가자 거실로 나와본다. 생각해 보니, 회사에 가지 않은 태현 씨를 아무도 신경 쓰지 않는다.

'이 집에서 나는 뭔가.'

'돈만 벌어오는 기계인가.'

'나를 다들 가족 구성원으로 생각은 하는 건가.'

태현 씨는 다시금 울분과 분노가 치밀어 오른다. 그때, 식탁 위의 쪽지가 눈에 들어온다.

정갈하게 차려진 아침식사 옆에 보이는 선희 씨의 필체.

- 나 오늘 병원 가는 날이에요. 혹시 시간 되면 11시에 OO정신건강의학과로 와줘요. -

'OO정신건강의학과라니. 어디선가 들어본 이름인데. 몇 년 전에 미나가 검사했던 병원이 저기였던가? 그때 검사만 받고 미나가 따로 치료는 받지 않았는데, 거기는 무슨 일이지?'

차려진 아침식사를 먹으며 태현 씨는 마음이 조금 풀린다. 그래도 내 생각을 해서 밥은 차려 준 걸까. 어찌 되었건 반차도 냈겠다, 태현 씨는 준비를 하고 병원으로 향한다.

***

 병원에 들어선 태현 씨 눈에, 대기실에서 책을 읽고 있는 아내가 보인다. 연애하던 시절의 선희 씨 모습이 불현듯 생각났다. 데이트 약속을 하면, 항상 먼저 약속 장소에 나와 책을 읽으며 태현 씨를 기다려줬던 선희 씨.

"홍선희 님, 들어오세요."

 아내를 호명하는 목소리에 황급히 따라 들어간 진료실 안에는, 이전에 미나 문제로 만났던 의사가 앉아 있었다. 아무것도 변하지 않은 듯한 진료실 풍경에, 태현 씨는 그간의 살아온 시간들이 무슨 꿈인 양 느껴진다.

"그동안 잘 지내셨어요, 선희 씨? 오늘은 남편분도 오셨네요."

"네, 선생님. 사실은 최근에 일이 좀 있어서요. 남편이랑 이야기를 어떻게 해야 할지 모르겠어서 오늘 같이 왔어요."

"어떤 일이 있으셨길래..."

"미나랑 남편이랑 굉장히 사소한 걸로 싸웠는데... 그러다가 둘이 언성이 높아지더니 미나가 집을 나갔어요. 다행히 친구랑 같이 있어서 금방 찾긴 했는데, 남편은 계속 화가 나 있고, 미나는 아빠에게 먼저 사과하기 싫다고 하고요. 매번 비슷한 패턴이긴 한데, 이번엔 제가 너무 힘들어서요. 둘이 화해시키기도 싫고, 먼저 말 꺼내기도 싫고. 항상 둘이 크게 싸운 건데, 저만 종종거리는 것이 어느 순간 너무 싫어지더라고요. 그래서 하루 밖에서 보내고 왔거든요… 그런데 그렇게까지 했는데도 남편은 제 걱정을 하나도 하지 않는 것 같아요. 제 안부는 전혀 중요하지도 않은 것 같고. 저는 일도 그만두고 미나 키우면서, 제 자신을 잃어버린 것 같아도 미나가 많이 비뚤어지지 않고 자라는 것으로 위안 삼고 있는데, 이렇게 미나가 집을 나가고 나니 그동안 나는 뭘 한 건가 하는 생각도 들고. 제가 힘든 건 생각도 안 하는 것 같은 남편이랑 아이를 보면, 제 자신이 바보 같고 불쌍하게 여겨져서 너무 눈물이 나고 답답해요, 선생님…"

대답을 하다 말고 선희 씨는 울음을 터뜨린다. 손으로는 선희 씨에게 휴지를 건네주며, 의사는 태현 씨를 바라본다.

"남편분은 오래간만에 뵙네요. 그동안 안녕하셨어요?"

의사의 인사말에 태현 씨는 흠칫 놀란다.

"선희 씨가 많이 힘들어하시는 것 같은데, 남편분은 좀 어떠세요?"

"아, 그게.... 그런데 저는 여기 꽤 오래간만인데 저희 아내는 여기 자주 오나요?"

태현 씨의 질문에 의사는 고개를 갸웃하며 선희 씨에게 묻는다.

"선희 씨, 그동안 병원 다니는 것, 남편분은 모르셨나요?"

***

"그때 미나랑 같이 다녀가신 뒤에 선희 씨는 지금까지 쭉 우울증으로 병원에 다니셨어요."

"초반에는 약물 치료도 같이 하시다가 중간에 1, 2년 정도는 상담만 하시다가, 작년부터는 다시 약을 복용하고 계세요."

"너무 힘드시면 미나도 같이 치료받는 방법도 있다고 말씀드렸는데, 선희 씨가 우선은 본인이 치료받고 미나를 잘 다독여 보겠다고 하셔서요."

이어지는 의사의 설명에 태현 씨는 머리가 어질어질하다.

"저희 미나가 문제가 많나요?"

간신히 물은 태현 씨의 질문에 의사의 대답이 이어진다.

"제가 선희 씨 말씀만 전해 들었을 때는, 미나가 두드러지게 문제가 있지는 않아요. 하지만 보통 그런 친구들은, 밖에서 실수를 안 하기 위해 무의식적으로 더 긴장하고, 그러다 보니 집에 오면 긴장이 풀려 더 짜증을 내거나 생활패턴이 더 엉망이 되는 경우가 많아요. 밖에서 신경 써야 할 것이 많으면 많을수록, 집에서 엄마에게 짜증 내는 빈도는 증가한다고 보시면 돼요. 그래서 보통 주 양육자분들이 많이 힘들어하세요."

"특히, 사춘기 때 아이들이 많이 예민해지고, 그때 부모와 완전히 사이가 틀어져서 '욱'하는 마음에 엇나가는 친구들도 많고요. ADHD 성향은 나이가 들수록 조금씩 좋아질 수 있지만, 부모와 틀어진 사이는 성인이 되어서도 회복하기 힘든 경우도 있어서, 부모님이 견디기 너무 힘드시면 아이도 부모님도 같이 치료를 받으시기를 권하고 있어요."

"선희 씨 같은 경우에는, 최근에는 미나의 짜증은 그런대로 견디고 계신데, 미나랑 아버님이 부딪힐 때, 그 중간에서 버티는 것이 가장 힘드신 것 같습니다. 아버님이 최근에 미나랑 많이 부딪히시고, 한번 싸우시고 나면 선희 씨가 중재하기 전에는 서로 화해 안 하시는 게 맞나요?"

사실 최근에 미나가 너무 버릇없게 굴어서 태현 씨가 미나를 혼내는 적이 많기는 했던 것 같다. 그런데, 대부분 엄마에게 함부로 해서 도와주려고 했던 건데... 그러다가 어느 순간 풀려서 잘 지내긴 했는데 곰곰이 생각해 보니 태현 씨 스스로 먼저 사과한 적은 없는 것 같다. 선희 씨가 와서 마음을 풀어주거나, 미나가 와서 미안하다고 하거나.

의사가 말을 이어간다.

"제가 선희 씨 말씀만 들었을 때는, 아버님도 순간적으로 '욱'하고 올라오는 게 있으신 것 같아요. 어쩌면 미나도 아버님의 그런 부분을 닮았을 수도 있고요. 아직까지는 그래도 큰 문제 없이 지나왔지만, 미나 사춘기가 본격적으로 시작되면 이번처럼 작은 가출이 아니라 큰 문제가 생길 수도 있어요. 아버님도 어머님과 같이 진료를 받으시거나, 미나가 본격적으로 치료를 받는 것이 필요할 것 같습니다."

"그리고, 두 분 모두에게 드리는 말씀인데, 미나가 이번에 이렇게까지 나온 것은, 어쩌면 학교에서 힘든 일이 있어서일 수도 있어요. 뚜렷하게 눈에 보이는 갈등이 없어서 미나 본인은 잘 인지하지 못하지만, 친구들 사이에서 무언가 잘 안되어 갈 수도 있습니다. 아이들 사이에서 미묘하게 이전과 다른 분위기는 눈치채지만, ADHD인 아이들은 본인의 감정선이 친구들의 감정선과 다르기 때문에, 그 미묘한 분위기 차이를 이해할 수 없어서 괴로워하는 경우가 많아요. 그럴 때 집에서 짜증을 심하게 내게 되는 경우가 많고요."

"두 분 모두 힘드시겠지만, 미나가 힘든 점이 있는지도 잘 살펴주세요."

* * *

"미안해."

태현 씨의 목소리에 겨우 멈췄던 선희 씨의 눈물이 다시 흐른다.

"그동안 당신이 괜찮다고만 해서 진짜 그런 줄 알았지. 솔직히 오늘 들은 이야기가 너무 급작스럽고 많아서 다 이해는 안가지만, 나도 노력해 볼게."

막, 태현 씨도 진료를 예약한 뒤였다. 태현 씨는 사실 미나의 짜증도, 선희 씨의 기분 상태도 완전히 이해하기는 힘들었다. 사실 미나의 어떤 점이 ADHD인지도 잘 모르겠고, 의사의 말을 들으면서도 계속 여자들이란 이해할 수 없는 생명체라는 생각이 지배

적이었다. 하지만 태현 씨는 어쨌든, 아내와 미나를 아낀다. 의사가 미나가 ADHD라면 그런 것일 테고, 아내가 힘들다고 하면 그 말이 맞을 것이다. 아내는 허튼 말을 하는 사람이 아니니까. 태현 씨가 진료를 보면 상황이 나아질 수 있다니, 뭔지 모르지만 태현 씨는 아내랑 딸을 위해 뭐라도 해야겠다는 생각을 한다.

태현 씨는 오래간만에 선희 씨의 손을 꼭 잡고 집으로 향한다.

2010년 초여름
미나의 마음

"미나야."

학교를 마치고 나오는데 아빠 목소리가 들리자, 미나는 깜짝 놀라 뒤를 돌아본다.

"아빠...? 엄마???"

웬일인지 선희 씨와 태현 씨가 같이 집에 가는 길목에 서 있다. 아침까지 말도 안 했던 아빠가 말을 건 것이 잠시 당황스러웠지만, 엄마와 아빠가 함께 자신을 마중 나왔다는 생각이 들자 한편으로는 마음이 놓였다. 안 그래도 집 분위기가 불편하고 어색했던 차였다.

"아빠 오늘 쉰다고 해서, 너도 같이 드라이브 가자고 하려고 기다렸어."

선희 씨가 말을 잇는다.

"학원은 어쩌고?"

"에이, 하루 빠져도 되지 뭐. 엄마가 전화해 뒀어."

드라이브라니, 생각만 해도 신난다. 초등학교 때까지는 틈만 나면 가족끼리 산책하기 좋은 곳으로 놀러 다녔는데, 중학교 들어서서는 통 못하고 있었다.

"어디로 갈 건데?"

미나는 흥에 겨워 엄마 팔에 팔짱을 낀다.

＊＊＊

"퐁, 퐁, 퐁."

물가에서 수제비뜨기 하는 것은 언제 해도 신난다. 미나는 미간을 찌푸려가며 돌 던지기에 집중한다.

"그런데, 미나야. 오늘은 왜 집에 혼자 오고 있었어? 엄마는 친구랑 같이 오는 줄 알았는데."

'퐁.'

커다란 돌이 미나 마음에 떨어지는 소리.

"너, 서윤이랑 같이 하교한다고 했던 거 같은데. 그래서 엄마 아빠는 친구랑 오다가 엄마 아빠 보면 당황할까봐 조금 멀리서 기다리고 있었지."

"어, 그게... 서윤이가 오늘 일이 있다고 해서."

대답하는 미나의 얼굴빛이 급격히 어두워진다.

"그래, 미나야. 그런 거면 다행이고. 혹시 무슨 일 있으면 엄마한테 말하고. 알겠지?"

선희 씨가 미나의 등을 토닥이며 말한다.

"자, 여기. 이 돌로 하면 더 잘 되겠다."

선희 씨는 미나의 손에 납작하고 맨질맨질한 돌을 쥐어주고 돌아선다.

***

"잘 자렴 미나야, 사랑해."

"에이, 엄마 그게 뭐야. 낯간지럽게."

미나는 선희 씨에게 손을 휘휘 내저으며 방에 들어와 침대에 눕는다. 조금 닭살스럽긴 했지만 엄마도 기분이 좋아 보여서 미나도 기쁘다.

돌고래 인형을 안고 옆으로 누우니 아까 아빠가 한 말이 머릿속에 떠오른다.

'미나야, 그제 아빠가 흥분해서 심하게 말한 건 미안하다.'

'미안하다.'라는 말을 아빠에게서 들어본 건 거의 처음인 것 같다. 아빠는 평소에 잘 놀아주지만, 싸우고 나서 미안하다는 말은 안 하는데. 아빠의 미안하다는 말이 미나는 낯설면서도 싫지 않았다. 어쨌든 집안에 돌던 냉기가 온기로 바뀌니 마음이 평안하다.

'그런데 왜 집에 혼자 오고 있었어?'

반대쪽으로 돌아눕자 떠오르는 엄마의 목소리. 갑자기 미나 마음속에 다시 먹구름이 몰려온다.

어느 순간부터 인가, 미나는 친구들이 자신을 피하는 느낌을 받았다. 점심시간에 미나가 말을 꺼내면 대꾸해 주지 않는 경우가 늘었고, 같이 놀러 가자는 말을 안 하기에 다들 바쁜 줄 알았는데 알고 보니 자기들끼리만 놀러 갔다 온 경우도 있었다. 그러다가 오늘은 급기야 하교도 같이 하지 않았다.

그런데 아무리 생각해도 도통 그 이유를 모르겠다. 특별히 잘못한 것은 없는 것 같은데. 이유를 알 수 없으니 더더욱 답답하다. 미나는 항상 친구 관계는 스스로 신경을 많이 쓰는 편이라고 자부하고 있었는데.

'내가 놓친 무엇인가가 있는 것일까.'

뒤척이던 미나는 이불을 푹 뒤집어쓴다.

그래도 내일은 송이를 만나는 날. 송이를 보고 나면 마음이 편해지니까. 미나는 내일의 약속을 위안 삼으며 잠에 빠져든다.

2010년 초여름
송이의 걱정

"미나야, 여기야, 여기."

패밀리 레스토랑에 들어서자 송이가 미나를 향해 손을 흔든다.

"이제 좀 괜찮아? 아빠랑은 잘 화해했고?"

 송이와는 미나가 가출하고 삼일 만이다. 오늘은, 그날 미나와 함께 있어줘서 고맙다며 엄마가 송이와 밥 먹으라고 엄마 카드를 쥐여 준 날. 송이는 늘 가던 떡볶이집에서 만나자고 했지만, 선희 씨는 생일 파티 때 갔던 패밀리 레스토랑에 다녀오라고 미나 등을 떠밀었다. '엄마가 진짜 고마워한다고 송이에게 꼭 전해줘.'라는 말과 함께.

"송이야, 그날은 내가 진짜 미안했어. 밤에 갑자기 불러내서."

미나는 자리에 앉자마자 사과부터 한다.

"괜찮아. 친구끼리인데 뭘. 그나저나 너는 괜찮아?"

두 번째 듣는 송이의 '괜찮아?'에 미나는 곧바로 다시 울컥하는 마음이 든다. 가출했던 날에도 아빠랑 싸운 것뿐만 아니라 요즘 친구들이 자신을 멀리하는 것 같다는 이야기를 송이에게 와르르 쏟아내며 펑펑 울었었다. 송이가 다정하게 미나의 안부를 걱정해주자, 미나는 괜스레 서러운 마음과 안심되는 마음에 눈물부터 날 것 같다.

"응, 응. 일단 음식부터 시키자. 나 여기는 친구끼리 온건 처음이야. 맛있는 거 먹자 송이야."

***

"그런데 말이야, 지금 너희 반 친구들이랑 너는 계속 친하고 싶은 거야?"

식사를 하며, 삼일 전 밤에 흥분해서 앞뒤 가리지 않고 이야기했던 리아나 다현이, 서윤이, 주하와 있었던 일들에 대한 고민을, 조금 차분하게 정리해서 다시 한번 털어놓은 직후, 송이에게서 나온 첫 번째 질문.

"나도 잘 모르겠어. 그런데, 나를 피하는 게 맞는지, 그렇다면 왜 그러는지는 알고 싶어."

"미나야, 사실 내가 학교에서 들은 게 있는데, 너 너무 속상하지 않고 들을 수 있겠어?"

"응. 뭔데?"

"이건 어디까지나 소문이니까 사실이 아닐 수도 있어서 말을 전하는 게 조심스럽긴 한데, 그래도 네가 모르고 있는 것 같으니까 말할 게. 대신, 이건 그냥 소문일 뿐이니까 너무 상처받으면 안 돼."

송이는 자신이 들은 것은 소문일 뿐이라고 신신당부하며 조심스럽게 입을 뗀다.

"미나, 네가 혼자 정의로운 척한다고 이야기하는 애들이 있어."

"너무 기분파라고 말하고 다니는 애들도 있고."

"혼자 정의의 사도처럼 굴면서 친구가 좋아하는 남자친구를 빼앗아 갔다는 소문도 돌고."

"이건... 말하기 좀 그런데, 네가 리아를 질투한다는 말도 돌아."

'......?......'

송이가 알려주는 이야기에 미나는 머리가 어질어질했다.

이게 다 무슨 소리지. 내가 기분파인 건, 엄마도 항상 그렇게 말하니까 어느 정도 받아들인다고 해도, 정의로운 척한 적은 없는데. 그리고 나는 리아를 좋아하는 거지 질투한 적 없는데. 게다가 남자친구라니, 나는 남자친구가 없는데?

"송이야, 잠깐만. 내가 기분파일 수는 있지만... 나머지는 다 사실이 아닌데. 게다가 내가 무슨 남자친구를 빼앗아!"

억울함 섞인 미나의 목소리에 송이가 대답한다.

"나야 알지. 나는 너랑 친구니까. 그런데 너랑 별로 친하지 않은 아이들은, 네가 도율이를 누군가에게서 빼앗아갔다고 생각하더라."

"뭐? 김도율?"

순간, 도율이 여자친구가 있냐고 물었던 다현이의 모습이 머릿속에 스쳐 지나간다. 혹시 다현이가 도율이를 좋아했었나? 그런 느낌은 아니었는데.

"그런데 미나야, 이런 소문이 도는데 네 친구들이 너를 멀리하는 거면, 그 친구들이 소문을 듣고 너를 멀리하는 것이거나, 아니면 그 친구들이 소문의 처음인 게 아닐까."

미나는 혼란에 빠진 채 송이를 바라보며 물었다.

"송이야, 난 진짜 뭐가 뭔지 하나도 모르겠어. 너라면 어떻게 할 것 같아?"

"나라면, 나는 일을 크게 만드는 걸 싫어하니까... 그냥 서서히 그 친구들이랑 멀어질 것 같긴 한데. 내가 보기엔 리아라는 친구가 좀 세 보이기도 하고. 근데 이건 내 입장이고, 사실 미나 네가 그 친구들을 좋아한다면 한 번쯤 직접 물어보는 것도 괜찮을 것 같긴 해. 아, 너무 어려운 문제다. 누구 또 좋은 의견 있는 사람 없을까?"

2010년 초여름
미나와 다현

"나와줘서 고마워 다현아. 너도 불편했을 수도 있는데."

"아니야, 미나야. 그런데 무슨 일이야?"

"물어보고 싶은 게 있어서... 그런데 혹시 나 만나는 거 다른 애들도 알아?"

"아.. 말 안 하고 나오긴 했는데... 왜? 다른 애들이 알면 안 돼?"

"딱히 그런 건 아닌데 네가 알리기 싫으면 나도 말 안 하려고."

송이를 만난 이후 미나는 친구 문제를 엄마에게도 털어놓았다. 미나의 엄마 선희 씨도 송이랑 비슷한 이야기를 했더랬다. 엄마라면 그냥 친구들이 먼저 다시 다가오기 전에는 혼자 지내겠지만, 아쉬움이 남는다면 자초지종은 한번 물어볼 것 같다고.

그러고 나서 삼일간, 미나는 고민에 빠졌었다. 표정이 어두워 아빠가 걱정하긴 했지만, 엄마가 언질을 준 건지 꼬치꼬치 캐묻지는 않았다.

고민 끝에 내린 결론은 다현이에게만 물어보는 것. 그간 있었던 일들을 복기해 봐도, 도율이 문제도 다현이가 이야기 꺼냈던 거고, 다현이에게 리아 이야기를, 리아에게 다현이 시험지 이야기를 꺼냈던 것 외에는 특별히 떠오르는 게 없어서였다.

"쪼옥."

아이스초코를 크게 한 모금 들이켜고 미나는 용기를 낸다.

"그런데 다현아, 요즘 너랑 다른 아이들이 나를 피하는 거 같아서. 왜 그런지 알려줄래?"

"응? 아니야. 우리가 언제 너를 피했다고. 그랬으면 오늘도 안 나왔지."

"그래? 혹시 내가 뭐 실수한 거 있으면 알려줘. 그래야 내가 고

치지."

"아니야, 그런 거 없어…"

"그래…? 음 그럼… 네가 전에 나에게 도율이 이야기 물어봤었잖아. 근데 내가 도율이랑 사귄다는 소문이 돈다는데. 그것도 친구 애인을 빼앗아서. 혹시 너도 들어봤어?"

"콜록콜록. 어, 뭐라고?"

딸기요거트를 마시던 다현이 사레가 걸린 듯 기침을 한다. 다현이 얼굴이 딸기처럼 빨개진 것은 기침을 해서일까?

"혹시 모르는 거야? 다른 반 친구가 그렇다고 하던데."

다현이는 얼굴이 빨개진 채 말이 없다. 게다가 눈에선 눈물이 곧 떨어질 것 같다.

"미나야."

"응?"

"나 너 싫어하는 거 아니야. 그래서 오늘도 나왔고… 그런데 내가 요즘 내 상황이 불편해서… 미안해. 나 먼저 가 볼게. 그냥 내가 다 미안해. 오늘 만난 건 애들한테는 비밀로 해줘."

말을 마치고 벌떡 일어나 나가는 다현의 뒷모습을 보며 미나는 혼란스럽다.

'다현아, 네가 뭐가 미안한 건데...'

[5] ADHD와 정의로움

송이가 전해주는 미나에 대한 소문 중에 '혼자 정의로운 척하는 아이'라는 내용이 있습니다.

ADHD 아이들은 '눈치가 없다'는 말을 많이 듣습니다. 다른 말로 바꾸면 '고지식하다'고 할 수도 있지요. 어떤 부분에서는 상당히 부산스럽고, 장난을 칠 때는 정도를 넘어서는 경우도 많지만 본인이 맞다고 생각하는 부분에서는 과도할 정도로 고지식한 경우가 많습니다.

수업 시간이 끝나갈 즈음, 선생님이 질문이 있으면 하라고 말씀하는 경우

많은 경우에, 질문이 있어도 쉬는 시간이 얼마 남지 않은 경우에는, 쉬는 시간 넘어까지 선생님이 나가지 않으실까 봐 질문을 하지 않습니다. 하지만 ADHD 아이들은 궁금한 것이 있으면 손을 들고 여러 질문을 하기도 하지요.

선생님이 불편한 것이 있으면 언제든지 선생님에게 와서 말하라고 말씀하는 경우

아이들은 불편한 점이 있으면 선생님께 말씀을 드리지만, 너무 여러 번 이야기해서 선생님이 지치는 낌새가 느껴지면, 불편한 점이 있을 때마다 이야기하는 것이 아니라 참을 만한 것들은 참다가 모아서 말씀드리기도 합니다. 하지만 ADHD 아이들은 시시때때로 선생님을 찾아가기도 하지요.

비슷하게 친구들 사이에서 분위기를 봐 가며 '눈치껏 알아도 모르는 척 넘겨야 할 경우'가 생겨도, ADHD 아이들은 그렇게 하지 않는 경우가 많습니다.

그런데 이 부분이 참 어렵습니다. '눈치껏'이 어떤 것인지, '알아도 모르는 척 넘기는 것'이 어떻게 하는 것인지 ADHD 아이들은 알 수가 없기 때문이지요. 그래서 그때그때 상황이 생긴 후에, 문제가 될 때는 주변의 조언을 듣지만, 다른 상황이 왔을 때에는 또 똑같이 본인 의견을 말하게 되기도 합니다.

그래서 '너무 과도하게 정의롭다'는 말을 듣는 경우가 종종 있습니다. '정의로운' 것은 나쁜 것은 아니지만, 그것 때문에 상황이 더 복잡해지는 것을 원치 않는 친구들이 많은 경우에는, 다른 아이들에게 '부담스럽게' 느껴질 수 있습니다.

그래서 무리가 지어지고 친구관계가 복잡해지는 청소년기에, ADHD 아이들이 친구들 사이에서 특별히 잘못한 일이 없더라도 관계가 매끄럽지 못한 경우도 종종 있습니다.

2010년 가을
미나의 일상 feat.여름의 기억

"엄마, 학교 다녀올게요."

"그래, 미나야. 잘 다녀오고, 사랑해."

엄마인 선희 씨가 미나를 꼭 안아주며 배웅해 준다.

2학기가 시작되고, 교실에서 외톨이가 되었지만, 엄마도 아빠도 송이도 상담 선생님도 있으니 괜찮다고 스스로 위안 삼으며 등교한지 이제 일주일째. 오늘도 미나는 짐짓 씩씩하게 웃어 보이며 집을 나선다.

여름방학 전, 다현이와의 만남이 이상하게 마무리된 다음, 리아나 주하, 서윤이가 미나를 멀리하는 태도는 점점 더 노골적이 되었고 미나는 왜 그런지, 무엇이 문제였는지를 생각하느라 밤잠을 이루지 못하는 지경에 이르렀었다. 아무리 곱씹어 생각에 생각을 해봐도 도통 이해하기 힘든 상황들.

고민이 해결되지 않아 미나는 여름 방학식 날 송이를 놀이터로 불러냈더랬다.

"송이야, 나는 아무리 생각해도 이해가 되지 않아. 그 애들이 나를 왜 멀리하는지. 그냥, 나 진짜 맹세코 아무에게도 말 안 할 테니 너의 솔직한 의견을 좀 들려줘. 이것 때문에 밤에 잠도 안 오고, 아무것도 집중이 안돼."

"글쎄, 어쩌면 다현이가 좀 조용하고 착하기만 하고, 공부는 잘하는데 초등학교에서도 특별히 단짝은 없었다고 하니, 리아가 친구 해준 게 고마워서 숙제며, 시험이며 몰래 도와준 것이거나, 혹은 리아가 은연중에 그러기를 바랐던 게 아닐까?"

"그런데, 그게 그 애들이 나를 멀리하는 것과 무슨 상관이야?"

"네가 그 부분에 대해 물어봤으니까…?"

"난 그냥 물어만 봤고, 사실 그때는 그런 의심을 해보지도 않았었는데. 게다가 아무에게도 말하지 않았고."

"미나 너는 정직하고 의리가 있으니까 실제로 그랬을 거라고 생각해. 하지만 대부분 애들은, 그런 걸 눈치채도 못 본 척하거든. 리아랑 다현이 사이가 어떤 사이인지는 모르지만, 누군가 알게 되면 나쁜 소문이나 오해를 살 수 있는 상황이니까. 그러니까, 못 본 척하지 않은 네가 그 애들 눈에는 그 사실을 캐내려는 것처럼 보였을 수 있어. 그래서 먼저 선제공격한 게 아닐까."

"그럼 네 생각엔 그 친구들이 그런 소문을 내고 다녔다는 거야?"

"아마도? 다른 건 모르겠지만 도율이 이야기는 너랑 다현이만 아는 이야기라며. 아마 도율이를 좋아하는 애가 그 무리 중에 있었던 게 아닐까? 예를 들면 리아라던가."

"응?"

"그냥 내 생각은 그래. 솔직히 친구로서 미나 너는 정의롭고 의리 있고 활달해서 나는 정말 정말 네가 좋지만, 다른 친구들이 볼 때는 약간 눈치가 없는 구석이 있어서... 그래서 네가 그냥 하는 이야기들이 그 친구들이 들을 때는 은연중에 위협하는 걸로 들렸을 수도 있을 것 같아."

"진짜 모르겠어. 그리고 내가 눈치가 없어? 나 엄마한테도 그 말 듣긴 하는데, 사실 내가 친구들 사이를 얼마나 많이 신경 쓰고 눈치를 보는데…"

"큭큭, 네가 친구 사이 신경 많이 쓰는 건 아는데, 그런데 아무래도 여자애들 사이의 미묘한 경쟁 이런 건 네가 진짜 모르는 것 같을 때가 있긴 하거든. 그리고 너, 도율이가 진짜 너 좋아하는 거 모르지?"

"뭐어?????"

"내 눈치엔 그래 보여. 걔가 용기가 없어서 너한테 고백은 못 하는 것 같지만."

***

  송이와 이야기를 마치고 그날 저녁, 저녁식사를 마치고 미나는 선희 씨에게 물었었다.

"엄마, 내가 진짜 눈치가 없어?"

"왜, 엄마 말고 누가 또 그런 말을 해?"

"송이가… 그리고 애들 사이에 있었던 고민을 말하면 내가 전혀 상상하지 못한 대답을 해주는데, 내가 진짜 눈치가 없어서 못 알아채는 건지 송이가 과하게 생각하는 건지 분간이 안가. 그런데 엄마도 알다시피 송이가 과하게 말하는 친구는 아니잖아."

"우리 미나가 요즘 고민이 많구나. 미나야, 엄마는 고민이 많을 때 상담을 하러 가는데 도움이 많이 돼. 너도 한번 가볼래?"

***

그날을 기점으로 미나는 여름방학 동안 정신건강의학과를 다시 방문해서 검사도 받고, 상담도 받았다. 의사 선생님은 미나가 가진 특성이 나쁜 것도, 틀린 것도 아니지만 다른 대부분의 친구들과 다르기 때문에, 다른 친구들은 어떤 지를 알지 못하면 그들과 친구관계를 계속하는 데 어려움이 있을 수 있다고 설명해 주셨다.

"그럼 어떻게 해야 다른 친구들을 제가 이해할 수 있어요?"

"상담을 하면서 어떤 사건을 놓고 미나가 보는 것과 다른 사람들이 보는 것에 어떤 차이가 있는지 알아가는 게 좋고, 어떤 경우에는 약을 먹고 다른 친구들과 조금 비슷한 마음 상태를 경험해 보는 것도 도움이 되지."

2010년 가을
미나의 일상 feat.도윤의 걱정

 와글와글한 쉬는 시간. 미나는 자리에 앉아 주변을 둘러본다. 주변은 시끌벅적하지만, 그 누구도 미나에게 말을 걸지도, 눈을 맞추지도 않는다. 처음에는 견딜 수 없어서 쉬는 시간마다 화장실에 숨거나 복도를 배회하던 이 시간이, 이제는 조금 익숙해진 느낌이다. 교실에 앉아 주변을 둘러볼 용기가 생길 만큼.

 미나는 친구 하나 없는 상황이 익숙해진 것이 좋은 건지 나쁜 건지 알 수 없지만, 처음보다 견딜 만해졌다는 점은 긍정적으로 생각해 보기로 한다. 너무 많이 생각하면 골치가 아프니, 그냥 하루하루 버티는 것을 목표로 삼자.

'할 일도 없으니 다음 시간 수업 준비나 해볼까?'

하릴없이 책가방을 뒤적거리던 미나는 아차 싶다.

'체육복을 놓고 왔네. 분명히 챙긴다고 어제 생각했는데.'

할 수 없이 미나는, 송이네 교실로 향한다. 이제 체육복을 마음 놓고 빌려달라고 물어볼 만한 사람은 송이밖에 없다.

"송이야 송이야! 나 체육복 혹시 빌려줄 수 있어?"

"그래 미나야, 우리는 2교시에 했으니까 가져가. 그런데 땀 냄새 좀 날 수도 있어. 이해해!"

"당연하지, 빌려주는 게 어디야! 고마워!"

체육복을 빌려 돌아서는데 귓가에 송이 친구의 목소리가 스친다.

"송이야, 쟤가 친구 남친 빼앗은 걔 아니니? 너 쟤랑 친해??"

'쿵.'

미나 가슴에 또 큰 돌이 떨어지는 소리.

"미나? 미나가 친구 남친을 빼앗는다고? 에이 아니야. 누구 딴 사람이랑 착각한 거 아니야?"

그리고 들리는 송이의 무심한 듯하지만 미나를 감싸주는 목소리.

미나는 갑자기 눈물이 왈칵 나올 것 같아 화장실로 뛰어간다. 절대로, 절대로 학교에서 약한 모습은 보이지 않기로 스스로 약속했으니까.

***

화장실에서 터져 나오는 눈물을 수습하고 교실로 돌아가는데 누군가 어깨를 툭 치고 지나간다. '어?' 하고 돌아보는 찰나, 얼굴만 아는 옆 반 아이가 이죽거린다.

"야, 너 김도율이 그렇게 좋냐? 남자 좋다고 친구 배신하는 거 아니다."

미나는 감정이 확 올라온다. 네가 나를 언제 봤다고 그런 말도 안 되는 말을 하냐고 쏘아붙이고 싶지만, 엄마 말대로, 상담 선생님 말대로 그렇게 쏘아대다간 또 흥분하고 울어버릴 것 같다. 참아야 된다. 참고 다 무시하고 다녀야 아이들 관심이 나에게서 멀어진다. 상담 시간에 배운 대로 마음속에서 숫자를 세 보려 하지만, 잘되지 않는다. 울면 안 되는데. 화내도 안 되는데.

그때,

"나 얘랑 그런 관계 아닌데?"

익숙한 목소리가 등 뒤에서 들린다. 도율이다.

"얘가 날 좋아한다고? 말이 되는 소리를 해라. 그런 말 누가 한 거야?"

"아, 아니. 그냥 내 친구가 그러길래…"

"그 친구한테 잘못 알았다고 전해줘라. 이상한 소문 도는 거 나도 싫다고."

그리고 스쳐 지나가는 도율이의 뒷모습. 그 틈에 옆 반 아이는 자기 교실로 쏙 들어가 버린다.

'아, 도율이…'

미나는 자기 앞가림에 너무 정신이 없어서 도율이 생각은 하지도 못했었다. 도율이도 기분 나빴으려나.

* * *

그날 저녁, 학원을 마치고 미나는 도율이를 놀이터로 불러내 구구콘을 건넨다.

"야, 아까 고마웠어. 그리고 미안해."

"뭐냐, 내가 뭘 했다고. 구구콘까지 사주고."

"너도 아는지 모르겠지만, 지금 나 안 피하고, 내 욕 안 하면서 나랑 대화해 주는 사람은 생각해 보니 송이랑 너밖에 없는 것 같은데, 내가 너한테는 고맙다는 말을 못 한 것 같아서. 아, 그리고 이상한 소문나게 해서 미안하다. 너도 기분 나빴겠다."

"솔직히 기분이 완전히 나쁜 건 아니긴 한데..."

"응?"

"됐다. 너 안 그래도 복잡할 텐데. 암튼 너도 쫌 컸더라. 울보였는데 울지도 않고."

"이 와중에 또 놀리냐? 내가 언제 울보였다고! 에잇. 다음엔 구구콘 없다, 너!"

"화내는 거 보니까 이제야 박미나 답네. 암튼 너, 너무 기죽지 말고 다녀. 조금만 버티면 소문이야 사라질 테니."

2010년 가을
미나의 일상 feat.다현의 편지

 도윤이와 짧은 만남을 뒤로하고 집에 돌아오자, 미나 책상 위에 외국 소인 편지가 놓여있다.

 '내가 아는 친구 중에 외국에 있는 애는 없는데?'

 의아하게 생각하며 편지봉투를 들여다보니, 보내는 사람 이름에 'Dahyun'이라고 적혀 있다.

 '다현이?'

미나는 화들짝 놀란다.

사실 2학기가 시작하고 처음 학교에 갔을 때, 본인에게 말을 거는 친구가 없는 것보다 다현이가 교실에 없는 것이 더 당황스러웠다. 아이들이 자기를 멀리할 수 있다는 것은, 미리 마음의 준비를 해 두었지만, 다현의 부재는 예상치 못한 일이었기 때문이다.

담임 선생님께서는 다현이가 방학 중에 급히 가족들 따라 이민을 가게 되어 인사도 하지 못하고 전학을 가게 되었다고 전해주셨다.

더 놀라웠던 건, 리아 무리 아이들도 다현의 부재를 놀라워하는 눈치였다는 점이다. 그 아이들은 나름 친하게 지냈던 것 아니었나?

미나는 침대에 앉아 조심스레 편지 봉투를 뜯어보았다.

***

'미나에게

 미나야, 나야 다현이.

 급작스러운 편지에 당황스럽지? 학교에서 들었을지 모르겠지만, 나는 지금 독일에 나와있어. 아빠 직장 따라서. 여기서 2년 정도 지내게 될 것 같아.

 이렇게 갑자기 편지를 쓰는 게, 네 기분을 더 불쾌하게 만들 수도 있다는 걸 알고 있지만, 그리고 너에게 미안하다고 말하는 게 나 스스로의 자기 위안을 위한 것일지도 모르지만. 그래도 사실을 알게 되는 게 네가 마음이 좀 편하지 않을까 싶어서, 그리고 네가 받아주지 않는다고 하더라도 용서를 구하고 싶어서 이렇게 편지를 쓴다.

 사실 나, 여름에 이민 오는 건 작년 말에 이미 정해져 있었어. 하지만 한국 중학교를 경험해 보고 싶어서, 중학교 진학을 한 거야. 너는 내 초등학교 시절에 대해 얼마나 아는지 모르겠지만, 나 사실 초등학교 때 친구가 없었다? 오히려 약간 은근한 따돌림을 받는 느낌? 그래도 공부를 그럭저럭해서 그런가, 선생님들은 나를 예뻐하셨고, 그래서 심한 괴롭힘은 없었지. 그래도 조금 외로웠어.

그래서 중학교 와서 처음 사귄 리아와 주하, 서윤이가 너무 고맙고 좋았어. 맞아. 나도, 원래 그 멤버였던 게 아니라, 중학교 와서 그 아이들과 친해진 거야. 네가 합류하기 전에.

그 아이들과는 같은 초등학교를 나왔지만, 잘 놀고 인기 많은 리아는 나와 사는 세상이 다른 아이였어. 그랬던 친구가, 나에게 아는 척을 하고 함께 다니자고 하니 얼마나 기뻤겠어?

그러던 중에 리아가 도율이에게 관심 있어 하는 걸 알게 되었고, 어느 날 주하랑 서윤이가 네가 도율이와 친하다는 말을 듣고 와서는 너를 또 우리 무리에 초대한 거야. 그때는 그냥, 너를 통해 도율이와 친해지려는 심정인가 보다 생각했지. 실제로 나에게 도율이에 대해 너에게 물어보라고 시키기도 했고.

그런데, 도율이가 여자친구가 없다는 소식을 전한 이후에 리아랑 도율이 사이에 무슨 일이 있었는지, 어느 날부터 리아가 나에게 미나가 도율이를 좋아하는 것 같다고 말하는 거야. 그래서 도율이랑 사귀는 것 같다고. 내 느낌에는 아닌 것 같았지만, 리아가 그렇게 말하니까 그런가 보다 생각했어.

그리고 비슷한 시기부터 리아가 과제며 시험지 바꾸기 등을 요구하기 시작했어. 내가 난처한 눈빛을 보내면 '우리는 친구잖아.', '너 우리랑 같이 다니지 않으면 좀 쓸쓸하지 않겠어?'라는 말을 꺼내며. 소심한 나는, 그냥 여름에 이민을 가니까 일 학기만 버티자고 생각하고 아무에게도 말 안 했어. 만약에 그 애들 눈 밖에 났다가 혹시 이민 가기 전에 왕따라도 당하면, 그게 더 견디기 힘들 것 같았거든. 나도 알아. 자기 변명인 거.

그 와중에 그 아이들이 너에 대해 나쁜 소문을 내고 다니고, 나에게 동조를 구했어. 그러면 안 된다는 건 알았지만, 그냥 내 안위만 생각하며 나는 거기에 응했던 것 같아.

그런데, 그 와중에도 너는 나랑 리아 사이에 무슨 일이 있었는지에 대해 정면으로 질문을 해왔지. 이상하고 불합리한 일은 이해할 수 없다는 눈빛으로. 다른 아이들도 은근히 눈치채고 있었던 것 같은데, 그렇게 정면으로 나에게, 혹은 리아에게 질문을 해온건 네가 처음이었어. 고맙기도 하고, 미안하기도 하고. 내 마음은 지옥이었지만, 나는 역시 나 자신이 너무 걱정된 겁쟁이었네.

이제 멀리 떨어져서 물리적으로 그 아이들과 얽힐 일이 없다고 생각하니까. 이제야 너에게 편지를 전해. 진짜 진짜 미안해.

너는 그렇게 정정당당했는데 내가 비겁하게 처신해서. 너에 대해 잘못된 소문이 퍼지는 것을 알면서도 반박하지 못해서.

그냥 리아랑, 그 무리 아이들이 꾸며낸 말이야. 그리고 아마 지금쯤 네가 그 아이들에게 숙이고 들어가지 않았다면, 내 자리를 대신할 다른 아이를 찾아 헤매고 있을지도 모르지. 필요하면 이 편지를 너를 멀리하는 친구들에게 공개해도 되어. 내가 너한테 해줄 수 있는 건 그것밖에 없네.

미안, 그리고 미나 너는, 좋은 친구들이 있으니 잘 견뎌냈으면 좋겠어. 그것마저도 나 자신의 마음의 평화를 위한 말이라고 생각할지도 모르지만, 진짜로. 건강해!

다현이로부터.'

***

 미나는 편지를 다 읽고 나서 혼란스러웠다. 자신이 잘못하지 않았다는 안도감. 다현이 문제를 그렇게까지 자세하게 눈치채지 못했다는 자책감. 그리고 알면서도 자신을 내버려둔 다현이에 대한 미움.

 본인을 싫어한 리아와 주하, 서윤이에 대한 미움. 그리고 그것을 눈치조차 못 챘던 스스로의 바보 같음에 대한 자책.

 그날 미나는, 방에서 펑펑 울다가 겨우 잠이 들었다.

[5] ADHD와 친구관계 - 2

- 사춘기

초등학교 내내 잘 알던 친구들과 밝게 지내오던 미나는, 새로운 중학교에 와서 친구 사귀는데 처음으로 어려움을 겪습니다. 친구가 생기기 전까지는 학교 가기 싫다고 선희 씨를 힘들게 하고, 막상 친구를 사귄 뒤에는 그들 사이에서 일어나는 일에 요령껏 대처를 하지 못하여 좋지 않은 소문의 주인공이 되기도 하지요.

이처럼 ADHD 아이들은 사춘기에 들어서면서 친구들 사이에 이런저런 갈등을 겪는 경우가 많습니다.

이에 대해서 part 1. 과 part 2.로 나누어 이야기를 해보도록 하겠습니다.

part 1. 초등학교 고학년부터 중1 정도까지의 시기

: 대부분의 아이들의 사춘기가 본격적으로 시작되는 시기

part 2. 중 2부터 고등학교 1학년 정도까지의 시기

: 많은 ADHD 아이들의 사춘기가 본격적으로 시작되는 시기

이렇게 사춘기 시기를 나누어 이야기하는 이유는 ADHD 아이들의 경우 스스로 사색하는 사춘기 시기가 다른 친구들보다 2년 정도 늦게 오는 경향이 있기 때문입니다.

(물론, 사춘기가 오는 시기는 아이들마다 다 다르지만, 이해를 돕기 위해 대략적인 시기를 나누어 보았습니다.)

PART 1. 초등학교 고학년부터 중 1까지

초등학교 고학년이 되면, 대부분의 아이들이 사춘기에 접어듭니다. 그래서 자신들만의 세계를 구축하고, 친구 관계에 더 몰입을 하게 되고, 부모님과의 분리를 시도하지요. 지금까지 시도하지 않았던 변화를 추구하기도 하고, 이성에 관심을 보이기도 합니다. 사춘기 초입이기 때문에, 널뛰는 감정선을 세련되게 다루지 못하여, 이런 변화가 상당히 극적인 양상으로 나타나는 아이들도 많습니다.

그런 아이들이 보기에 사춘기가 오지 않은 ADHD 아이들은 더욱더 '눈치 없는 이상한 아이'로 보일 수 있습니다.

초등학교 고학년이 되었는데도, 학교에서 아이들이 장난치는 것을 계속 선생님에게 말하는 경우

-> 사소한 것까지 선생님에게 이르는 아이. 나대는 아이.

친구들 사이에서 대놓고 싸우지는 않았지만 미묘한 비언어적 표현으로 서로 대립하는 그룹의 아이들 사이를 눈치채지 못하고 A 그룹 친구, B 그룹 친구와 모두 친하게 지내고자 하는 경우

-> 여기 붙었다, 저기 붙었다 하는 아이.

로 비칠 수 있는 것입니다.

또, ADHD 아이들은 좋고 싫음, 옳고 그름의 표현이 뚜렷한 편이기에,

친구가 자기감정을 다독여 달라고 하는 말에 너무 곧이곧대로 대답하거나, 그 의도를 파악하지 못하는 경우

-> 자기 말만 하는 애, 혹은 자기 생각만 하느라 남을 배려하지 못하는 아이. 이기적인 아이.

라고 친구들이 생각할 수도 있습니다.

또, 집에서보다 덜하지만 매우 활달해 보일 때와, 기분이 별로 좋지 않아 보일 때의 차이가 극명하고, 보통의 사람들이 보기에는 너무도 사소한 이유로 감정이 변하는 경우가 자주 있다 보니, 이런 경우

-> '변덕이 심한 애', 심한 경우 '아까는 나대더니 왜 지금은 저렇게 빼고 세상 심각한척하냐.'

라는 평가를 들을 수도 있지요.

물론, ADHD도 스펙트럼이기 때문에 이런 일들이 항상 일어나는 것은 아닙니다.

ADHD 아이들의 모습도 다양하고, 그것을 받아들이는 다른 아이들의 반응도 다양합니다.

보통의 아이들은 ADHD가 있는 아이들의 이런 행동을 보고

- 무심히 넘기기도 하고,

- '좀 다르네.' 생각만 하기도 하고

- 그냥 서서히 멀어지기도 하고

- ADHD인 아이에게 직접 '왜 그러냐?'고 묻기도 하고

- 이 문제로 싸우기도 하고

- 따돌리기도 합니다.

ADHD 아이들은 다른 아이들의 이러한 반응을 보고

- 아예 친구들이 자신을 다르게 대한다는 것을 눈치채지 못하기도 하고

- 미묘하게 친구 사이가 불편하다는 느낌만 받기도 하며

- 아이들이 자신을 다르게 대하는 것은 눈치채지만 그 이유를 몰라 혼란스러워하기도 합니다.

- 극단적으로 '세상에 진정한 친구란 없다.', '난 친구가 필요 없다.', '내가 말만 안 하면 문제가 없다.'며 친구 만들기를 거부하는 경우도 있고,

- 어떻게든 친구들과 섞이고 싶어 비행을 저지르는 친구들의 행동을 따라 하기도 합니다.

PART 2. 중 2부터 고등학교 1학년까지

대체로 ADHD인 아이들도 중 2 정도의 시기가 되면, 자아 정체성 정립을 위한 사춘기가 시작됩니다. 어떤 일이 있을 때, 스스로를 돌아보고 나는 어떤 사람인가를 고민하기 시작하지요. 이 시기가 되면 사람들과의 사소한 갈등을 겪는 과정에서 ADHD 아이들은 본인이 다른 사람들보다 화가 날 때 쉽게 넘기지 못한다는 사실을 알게 되기도 합니다.

하지만 치료를 받는 중인 경우가 아닐 때에는, '왜 그런지'는 알지 못합니다.

 다만, 본인 감정대로 행동하면, 다른 사람들이 볼 때 튀는 행동이 되고, 나만 성격이 나쁜 사람이 되어버리기 때문에 참으려고 노력하게 됩니다. 무작정 참는 것이지요. 그러다 보면 나빴던 감정은 해소가 되지 않고 묵혀져서 차곡차곡 쌓였다가, 어느 날 '빵'하고 터져버리는 경우가 있습니다. 참았다가 화를 터뜨리기에, 화내는 정도는 평소보다 더 극심해지기도 하지요.

 외부로 이 문제가 터지면, 남들이 보기에 그렇게 심각하지 않은 문제에 크게 화를 내는 것으로 비쳐 큰 문제가 생기게 되고, 내부로 이 문제가 터지면 우울감, 무기력감에 빠지기도 합니다.

 이 두 가지 경우에,

'제가 분노조절장애인 것 같아요.'

'제가 우울증인 것 같아요.'

라며 병원을 찾게 되기도 합니다.

 병원까지 오지 않고, 나름의 방법으로 친구들 사이에서 잘 적응해 나가는 경우에도, ADHD가 있는 청소년들의 경우, 위에 말씀드린 대로 평소에는 감정 표현을 자제하는 경우가 많고, 그것이 스스로를 힘들게 하는 경우가 많이 있습니다. 이때에 적절한 개입이 이루어지지 않으면, 어떤 경우에는 성인이 되어서도 갈등을 완전히 피해버리고자 하는 회피형 어른이 되거나, 하고 싶은 말이 있어도 자신의 그 말을 해도 되는지에 대한 확신이 없어서 인간관계를 새로 시작할 때마다 어마어마한 스트레스를 받게 되기도 합니다.

이 시기의 이러한 혼란스러운 경험은, 잘 해소되는 경우도 분명 있습니다.

(그리고 다행인 점은, 대부분의 아이들의 사춘기가 끝나는 고등학생 시절이 되면, 조금만 달라도 편을 가르고, 이상하게 보고, 친구 문제에만 몰입하던 보통의 다른 친구들이, 이제 친구 외의 본인의 미래 등에도 현실적인 관심을 많이 가지게 되기에, 자신과 잘 맞지 않으면 '싫어하던' 시선에서, 잘 맞지 않아도 '그러려니'하는 시선으로 동급생들을 보게 된다는 것입니다. 그래서 ADHD인 아이들도 생활이 조금 수월해지기 시작합니다.)

하지만, 이 시기의 혼란스러운 경험이 해소되지 못하면, 다른 사람들이 볼 때 눈에 띄는 큰 사건이 없더라도 ADHD 청소년들 스스로가 느낄 때에는 커다란 트라우마로 남는 경우도 종종 있습니다. 이런 경우에는, 가정 내에서, 친구 사이에서, 학교에서, 혹은 그것으로 해결되지 않는다면 병원 진료를 통해서 혼자 괴로워하지 않고, 스스로를 이해하고 어떻게 대응해가야 할지 상담을 받는 것이 필요합니다.

2010년 가을
미나의 일상 feat. 선희씨의 마음

"엄마, 학교 다녀올게요."

"그래 미나야, 오늘도 좋은 하루."

 가볍게 포옹으로 인사를 하고 미나를 보낸 후, 선희 씨는 커피를 한잔 내려 창가에 앉는다.

 다현이로부터 편지가 온 이후, 미나는 많이 변했다. 사실 다현이 편지를 처음 봤을 때, 선희 씨는 궁금증을 이기지 못하고 열어볼까 생각했었다. 무슨 일이 벌어지고 있는지 알고 싶은 마음과,

그 편지를 보고 미나가 어떤 느낌을 받을지 미리 예측하고 싶은 마음에.

 하지만 의사 선생님은, 미나를 믿어 보자고 하셨다. 편지는 그냥 책상 위에 올려 두고, 너무 이것저것 묻지 마시라고. 미나는 생각보다 단단한 아이이니 진짜 어려움이 생기면 도움을 청할 것이라고.

 그러고 나서 선희 씨는 애써 그 편지에 대해 잊으려고 부단히 노력했다. 편지를 열어보지 않고 책상 위에 올려두는 것. 그 편지에 대해 꼬치꼬치 묻지 않는 것은 모두 다 너무 어려운 일이었다.

 무심한 듯 '미나야, 국제우편 왔던데, 읽어봤니?'라고 물었을 때 '어.'라는 단답형 대답만 들려주는 미나가 야속했지만 더 캐물을 수는 없는 일.

 그리고 그 뒤로 한 달여가 지난 지금, 미나는 뭔지 모르게 어른스러워진 느낌이다. 이제야 초등학생 티를 조금 벗어나는 느낌이랄까. 병원도 열심히 다니고, 본인이 원해서 약도 복용해 보는 중이다. 송이랑도 잘 지내는 것 같고, 학교에 친구가 없어도 울고불고하지 않는다. 그 모습이 다행이다 싶으면서도, 아기 같고 해맑던 미나 모습이 줄어든 것 같아서 조금 섭섭한 마음이 들기도 한다.

'얼마 전까지만 해도 미나가 너무 아기 같아서 힘들다고 밤에 울었으면서, 미나가 어른스러워졌다고 섭섭해하다니. 나도 참 모지리 엄마인가 보다.'라고 선희 씨는 생각한다.

***

미나는 끝내 그 편지 내용에 대해 알려주지 않았다. 이제 선희 씨가 알 수 없는 미나의 세상이 생긴다는 것에, 선희 씨는 불안하기도 하고, 아쉽기도 하다. 그러면서 생각해 본다. 미나를 키우면서 예민하고 불안이 많은 아이라고 생각해 왔지만, 정작 더 불안했던 건 본인이 아닐까 하는. 미나는 믿어주면 할 수 있는 아이인데, 자주 우는 것이 걱정된다는 이유로 너무 끼고 키웠던 것은 아닐까.

그래도 어쨌든, 지금 잘 되어가고 있는 거라면, 일단 지켜보자. 문제가 생기면 또 해결해 나가면 되니까.

어쩌면 미나보다 더한 질풍노도를 겪은 선희 씨는 이렇게 다짐해 본다.

2o23

미나, 스물 일곱

2023년 겨울
스물 일곱 미나

"악!!! 미안. 오늘도 늦어버렸네!!!! 오늘은 진짜 제일 먼저 오고 싶었는데."

"미나 왔어?"

헉헉거리며 소란스럽게 음식점으로 들어온 미나를 송이와 다현이 반갑게 맞아준다.

"앗 그리고 송이 너!!! 입사 진짜 진짜 진짜 축하해!!!!!"

미나는 짐도 내려놓지 않은 채로 송이부터 꼭 껴안는다. 미나가 등장한지 1분도 지나지 않아, 조용하던 송이와 다현의 자리는 시끌벅적해진다.

"다현이 너는 유학 준비 잘 되어가고?"

요란스럽게 송이를 축하한 미나는 다현에게 안부를 묻는다.

"유학 준비는 무슨. 우선 논문이 통과되어야 하는데. 갈 길이 멀다."

고개를 절레절레 흔드는 다현.

미나는 고등학교 때, 다현이를 다시 만났다. 유학을 갔던 다현이는 고 1 여름 무렵, 다시 한국으로 돌아왔고, 미나와 송이와 같은 학교로 오게 되었다. 돌아오자마자 미나를 찾아와 잊지 않고 사과를 하는 다현에게 미나는 마음을 열었고, 그때부터 미나, 송이, 다현이는 단짝이 되었다.

"그런데 미나야, 너 가방에 무슨 스티커가 잔뜩 붙어있는데?"

다현이 미나의 가방 뒷면을 살핀다.

"아, 애들이 또 붙여 놨네. 내가 애들 사이에서는 이렇게 인기가 많다니까?! 이거 나름 아이들 사이에서 가장 인기 있는 캐릭터들이라고."

  미나는 스티커를 톡톡 건드리며 씩 웃는다.

  미나는 힘들었던 중학교 시절을 그림에 집중하면서 버텨냈고, 결국 미술을 전공한 뒤, 학원에서 초등 아이들을 가르치며 공모전에 열심이다. 공모전이 생각대로 잘되지 않아서 힘들 때도 많지만, 어린아이들과 함께 보내는 시간이 미나를 버티게 해 주는 요즘이다.

"미나 너는 아이들 대상 사업하면 진짜 대박 날 텐데."

  미나를 바라보던 송이가 따뜻하게 웃으며 말을 건넨다.

"내가 좀 재미있고 티없고! 해맑기도 하지. 아이들 취향 저격!!"

  미나는 익살스러운 포즈를 취해본다.

***

맛있게 음식을 먹고, 이야기를 나누던 중 미나가 가방을 부스럭거리며 무언가를 꺼낸다.

"이거, 너희 선물. 이제 곧 크리스마스잖아. 무려 미나님이 직접 구운 크리스마스 쿠키!!!"

미나다운 알록달록 화려한 장식의 쿠키를 보며 송이와 다현은 깔깔 웃는다.

"그나저나, 나 얼마 전에 도율이 봤다? 집 앞 놀이터에서."

"김도율? 전에 그 중학교 때??"

송이가 쿠키 포장을 뜯으며 한 말에 다현이 화들짝 놀란다. 도율이와는 고등학교를 다른 곳으로 가면서 연락이 점점 뜸해지다가 대학 이후로는 연락이 끊긴 상태. 게다가 미나는 대학 때 이사를 하면서 도율이와 오며 가며 마주칠 일도 완전히 사라진 상태다. 중학교 때와 계속 같은 집에 살고 있는 송이가, 그런 도율이를 우연히 마주쳤나 보다.

"도율이가 미나 너랑 아직 친하냐고 물어보던데?"

"그래? 도율이는 잘 지내?"

"응. 네 번호 알려달라고 해서 알려줬지."

"오래간만에 연락 오면 반갑겠네."

송이와 미나의 이야기를 듣고 있던 다현이 불쑥 말을 꺼낸다.

"그런데 미나야, 너 걔가 중학교 때 너 좋아했던 거 알고 있어?"

"응????? 에이, 무슨 소리야?"

"난 그럴 거라고 생각했는데, 아니야?"

"거봐, 내가 그때 도율이가 너 좋아하는 거 같다고 했잖아. 이번에 연락 오면 잘 좀 받아라."

다현의 말에 송이가 거든다.

***

"악. 그런데 미나야, 이거 왜 이렇게 달아? 아무리 초코쿠키라도 좀 심한데???"

송이가 쿠키를 한입 베어 물더니 우스꽝스러운 표정이 되었다.

"앗, 진짜 머리가 핑 돌 정도로 단데? 미나야, 너 여기 뭐 넣은 거야?"

이어지는 다현의 맞장구.

"나 레시피 대로 했는데. 처음 구운 건 괜찮았는데. 앗!!! 진짜 너무 달잖아?"

"나......... 설탕을 두 번 넣었나 봐."

미나는 스스로를 어이없어하며 다시 깔깔 웃는다.

"미나 너답다."

그런 미나를 바라보며 송이와 다현도 함께 웃는다.

미운 나의 오리 새끼
ADHD와 함께하는 미나의 성장기

초판 1쇄 발행 2024년 12월 30일

글 그림	나무늘봄
펴낸이	신현식
펴낸곳	도서출판 더본
출판등록	제2022-00134호
주소	서울시 서초구 사임당로 25, 궁본빌딩 405호
전화	(02)594-9588 팩스 (02)584-9589
ISBN	979-11-987531-5-1

이 책의 저작권은 저자와 도서출판 더본에 있습니다.
이 책은 저작권법에 따라 보호받는 저작물이므로 무단 전재와 복제를 금합니다.